I0438152

简介

《三國演義》

全名為《三國志通俗演義》，又稱作《三國志傳》、《三國全傳》、《三國英雄志傳》，是中國第一部長篇歷史章回小說。作者一般被認為是元末明初的羅貫中。虛實結合，曲盡其妙，是四大名著中唯一根據歷史事實改編之小說。明末清初文學家、戲曲家李漁有言曰：“演義一書之奇，足以使學士讀之而快，委巷不學之人讀之而亦快；英雄豪傑讀之而快，凡夫俗子讀之而亦快。

《目錄》

～世紀前百大文學系列作品～

第九十五回　馬謖拒諫失街亭　武侯彈琴退仲達

却說魏主曹叡令張郃為先鋒，與司馬懿一同征進；一面令辛毗、孫禮二人領兵五萬，往助曹眞。二人奉詔而去。且說司馬懿引二十萬軍，出關下寨，請先鋒張郃至帳下曰：「諸葛亮平生謹愼，未敢造次行事。若是吾用兵，先從子午谷逕取長安，早得多時矣。他非無謀，但恐有失，不肯弄險。今必出軍斜谷，來取郿城。若取郿城，必分兵兩路，一軍取箕谷矣。吾已發檄文，令子丹拒守郿城，若兵來不可出戰；令孫禮、辛毗截住箕谷道口，若兵來則出奇兵擊之。」郃曰：「今將軍當於何處進兵？」懿曰：「吾素知秦嶺之西，有一條路，地名街亭；傍有一城，名列柳城：此二處皆是漢中咽喉。諸葛亮欺子丹無備，定從此進。吾與汝逕取街亭，望陽平關不遠矣。亮若知吾斷其街亭要路，絕其糧道，則隴西一境，不能安守，必然連夜奔回漢中去也。彼若回動，吾提兵於小路擊之，可得全勝；若不歸時，吾却將諸處小路，盡皆壘斷，俱以兵守之。一月無糧，蜀兵皆餓死，亮必被吾擒矣。」張郃大悟，拜伏於地曰：

「都督神算也！」懿曰：「雖然如此，諸葛亮不比孟達。將軍為先鋒，不可輕進。當傳與諸將：循山西路，遠遠哨探。如無伏兵，方可前進。若是怠忽，必中諸葛亮之計。」張郃受計引軍而行。

却說孔明在祁山寨中，忽報新城探細人來到。孔明急喚入問之。細作告曰：「司馬懿倍道而行，八日已到新城，孟達措手不及；又被申耽、申儀、李輔、鄧賢為內應：孟達被亂軍所殺。今司馬懿撤兵到長安，見了魏主，同張郃引兵出關，來拒我師也。」孔明大驚曰：「孟達作事不密，死固當然。今司馬懿出關，必取街亭，斷吾咽喉之路。」便問：「誰敢引兵去守街亭？」言未畢，參軍馬謖曰：「某願往。」孔明曰：「街亭雖小，干係甚重：倘街亭有失，吾大軍皆休矣。汝雖深通謀略，此地奈無城郭，又無險阻，守之極難。」謖曰：「某自幼熟讀兵書，頗知兵法。豈一街亭不能守耶？」孔明曰：「司馬懿非等閒之輩；更有先鋒張郃，乃魏之名將：恐汝不能敵之。」謖曰：「休道司馬懿、張郃，便是曹叡親來，有何懼哉！若有差失，乞斬全家。」孔明曰：「軍中無戲言。」謖曰：「願立軍令狀。」孔明從之。謖遂寫了軍令狀呈上。孔明曰：「吾與汝二萬五千精兵，再撥一員上將，相助你去。」卽喚王平分付曰：「吾素知汝平生謹愼，故特以此重任相託。汝可小心謹守此地：下寨必當要道之處，使賊兵急切不能偷過。安營既畢，便畫四至八道地理形狀圖本來我看。凡事商議停當而行，不可輕易。如所守無危，則是取長安第一功也。戒之！戒之！」二人拜辭引兵而去。

孔明尋思，恐二人有失，又喚高翔曰：「街亭東北上有一城，名列柳城，乃山僻小路：此可以屯兵紮寨。與汝一萬兵，去此城屯紮。但街亭危，可引兵救之。」高翔引兵而去。孔明又思：高翔非張郃對手，必得一員大將，屯兵於街亭之右，方可防之——遂喚魏延引本部兵去街亭之後屯紮。延曰：「某為前部，理合當先破敵，何故置某於安閒之地？」孔明曰：「前鋒破敵，乃偏裨之事耳。今令汝接應街亭，當陽平關衝要道路，總守漢中咽喉：此乃大任也，何為安閒乎？汝勿以等閒視之，失吾大事。切宜小心在意！」魏延大喜，引兵而去。孔明恰纔心安，乃喚趙雲、鄧芝分付曰：「今司馬懿出兵，與往日不同。汝二人各引一軍出箕谷，以為疑兵。如逢魏兵，或戰、或不戰，以驚其心。吾自統大軍，由斜谷逕取郿城：若得郿城，長安可破矣。」二人受命而去。孔明令姜維作先鋒，兵出斜谷。

　　却說馬謖、王平二人兵到街亭，看了地勢。馬謖笑曰：「丞相何故多心也？量此山僻之處，魏兵如何敢來！」王平曰：「雖然魏兵不敢來，可就此五路總口下寨；却令軍士伐木為柵，以圖久計。」謖曰：「當道豈是下寨之地？此處側邊一山，四面皆不相連，且樹木極廣，此乃天賜之險也。可就山上屯軍。」平曰：「參軍差矣：若屯兵當道，築起城垣，賊兵總有十萬，不能偷過；今若棄此要路，屯兵於山上，倘魏兵驟至，四面圍定，將何策保之？」謖大笑曰：「汝眞女子之見！兵法云：『凭高視下，勢如破竹。』若魏兵到來，吾教他片甲不回！」平曰：「吾累隨丞相經陣，每到之處，丞相盡意指教。今觀此山，乃絕地也：若魏兵斷我汲水之道，軍士不戰自亂矣。」謖曰：「汝莫亂道！孫子云：『置之死地而後生。』若魏兵絕我汲水之道，蜀兵豈不死戰？以一可當百也。吾素讀兵書，丞相諸事尚問於我，汝奈何相阻耶？」平曰：「若參軍欲在山上下寨，可分兵與我，自於山西下一小寨，為掎角之勢。倘魏兵至，可以相應。」馬謖不從。忽然山中居民，成羣結隊，飛奔而來，報說魏兵已到。王平欲辭去。馬謖曰：「汝既不聽吾令，與汝五千兵自去下寨。待吾破了魏兵，到丞相面前須分不得功！」王平引兵離山十里下寨，畫成圖本，星夜差人去稟孔明，具說馬謖自於山上下寨。

却說司馬懿在城中，令次子司馬昭去探前路：若街亭有兵守禦，卽當按兵不行。司馬昭奉令探了一遍，回見父曰：「街亭有兵守把。」懿歎曰：「諸葛亮眞乃神人，吾不如也！」昭笑曰：「父親何故自墮志氣耶——男料街亭易取。」懿問曰：「汝安敢出此大言？」昭曰：「男親自哨見，當道並無寨柵，軍皆屯於山上：故知可破也。」懿大喜曰：「若兵果在山上，乃天使吾成功矣！」遂更換衣服，引百餘騎親自來看。是夜天晴月朗，直至山下，周圍巡哨了一遍，方回。馬謖在山上見之，大笑曰：「彼若有命，不來圍山。」傳令與諸將：「倘兵來，只見山頂上紅旗招動，卽四面皆下。」

却說司馬懿回到寨中，使人打聽是何將引兵守街亭。

回報曰：「乃馬良之弟馬謖也。」懿笑曰：「徒有虛名，乃庸才耳！孔明用如此人物，如何不誤事！」又問：「街亭左右別有軍否？」探馬報曰：「離山十里有王平安營。」懿乃命張郃引一軍，當住王平來路。又令申耽、申儀引兩路兵圍山，先斷了汲水道路；待蜀兵自亂，然後乘勢擊之。當夜調度已定。次日天明，張郃引兵先往背後去了。司馬懿大驅軍馬，一擁而進，把山四面圍定。馬謖在山上看時，只見魏兵漫山遍野，旌旗隊伍，甚是嚴整。蜀兵見之，盡皆喪膽，不敢下山。馬謖將紅旗招動，軍將你我相推，無一人敢動。謖大怒，自殺二將。衆軍驚懼，只得努力下山來衝魏兵。魏兵端然不動。蜀兵又退上山去。馬謖見事不諧，教軍緊守寨門，只等外應。

却說王平見魏兵到，引軍殺來，正遇張郃；戰有數十餘合，平力窮勢孤，只得退去。魏兵自辰時困至戌時，山上無水，軍不得食，寨中大亂。嚷到半夜時分，山南蜀兵大開寨門，下山降魏。馬謖禁止不住。司馬懿又令人於沿山放火，山上蜀兵愈亂。馬謖料守不住，只得驅殘兵殺下山西逃奔。司馬懿放條大路，讓過馬謖。背後張郃引兵趕來。趕到三十餘里，前面鼓角齊鳴，一彪軍出，放過馬謖，攔住張郃；視之，乃魏延也：揮刀縱馬，直取張郃。郃回軍便走。延驅兵趕來，復奪街亭。趕到五十餘里，一聲喊起，兩邊伏兵齊出：左邊司馬懿，右邊司馬昭，却抄在魏延背後，把延困在垓心。張郃復來，三路兵合在一處。魏延左衝右突，不得脫身，折兵大半。正危急間，忽一彪軍殺入：乃王平也。延大喜曰：「吾得生矣！」二將合兵一處，大殺一陣，魏兵方退。二將慌忙奔回寨時，營中皆是魏兵旌旗。申耽、申儀從營中殺出。王平、魏延逕奔列柳城，來投高翔。此時高翔聞知街亭有失，盡起列柳城之兵，前來救應，正遇延、平二人，訴說前事。高翔曰：「不如今晚去劫魏寨，再復街亭。」當時三人在山坡下商議已定。待天色將晚，兵分三路。魏延引兵先進，逕到街亭，不見一人，心中大疑，未敢輕進，且伏在路口等候。忽見高翔兵到，二人共說魏兵不知在何處。正沒理會，又不見王平兵到。忽然一聲礮響，火光沖天，鼓聲震地：魏兵齊出，把魏延、高翔圍在垓心。二人往來衝突，不得脫身。忽聽得山坡後喊聲若雷，一彪軍殺入：乃是王平，救了高、魏二人，逕奔列柳城來。比及奔到城下時，城邊早有一軍殺到，旗上大書「魏都督郭淮」字樣。原來郭淮與曹眞商議，恐司馬懿得了全功，乃分淮來取街亭；聞知司馬懿、張郃成了此功，遂引兵逕襲列柳城。正遇三將，大殺一陣。蜀兵傷者極多。魏延恐陽平關有失，慌與王平、高翔望陽平關來。

却說郭淮收了軍馬，乃謂左右曰：「吾雖不得街亭，却取了列柳城，亦是大功。」引兵逕到城下叫門，只見城上一聲礮響，旗幟皆豎，當頭一面大旗，上書「平西都督司馬懿」。懿撐起懸空板，倚定護心木欄干，大笑曰：「郭伯濟來何遲也？」淮大驚曰：「仲達神機，吾不及也！」遂入城。相見已畢，懿曰：「今街亭已失，諸葛亮必走。公可速與子丹星夜追之。」郭淮從其言，出城而去。懿喚張郃曰：「子丹、伯濟，恐吾全獲大功，故來取此城池。吾非獨欲成功，乃僥倖而已。吾料魏延、王平、馬謖、高翔等輩，必先去據陽平關。吾若去取此關，諸葛亮必隨後掩殺，中其計矣。兵法云：『歸師勿掩，窮寇莫追。』汝可從小路抄箕谷退兵。吾自引兵當斜谷之兵。若彼敗走，不可相拒，只宜中途截住，蜀兵輜重，可盡得也。」張郃受計，引兵一半去了。懿下令：「竟取斜谷：由西城而進——西城雖山僻小縣，乃蜀兵屯糧之所，又南安、天水、安定三郡總路。若得此城，三郡可復矣。」於是司馬懿留申耽、申儀守列柳城，自領大軍望斜谷進發。

卻說孔明自令馬謖等守街亭去後，猶豫不定。忽報王平使人送圖本至。孔明喚入，左右呈上圖本。孔明就文几上拆開視之，拍案大驚曰：「馬謖無知，坑陷吾軍矣！」左右問曰：「丞相何故失驚？」孔明曰：「吾觀此圖本：失卻要路，占山為寨。倘魏兵大至，四面圍合，斷汲水道路，不須二日，軍自亂矣。若街亭有失，吾等安歸？」長史楊儀進曰：「某雖不才，願替馬幼常回。」孔明將安營之法，一一分付與楊儀——正待要行，忽報馬到來，說：「街亭、列柳城，盡皆失了！」孔明跌足長歎曰：「大事去矣！——此吾之過也！」急喚關興、張苞分付曰：「汝二人各引三千精兵，投武功山小路而行。如遇魏兵，不可大擊，只鼓譟吶喊，為疑兵驚之。彼當自走，亦不可追。待軍退盡，便投陽平關去。」又令張翼先引軍去修理劍閣，以備歸路。又密傳號令，教大軍暗暗收拾行裝，以備起程。又令馬岱、姜維斷後，先伏於山谷中，待諸軍退盡，方始收兵。又令心腹人，分路報與天水、南安、安定三郡官吏軍民，皆入漢中。又遣心腹人到冀縣搬取姜維老母，送入漢中。

孔明分撥已定，先引五千兵去西城縣搬運糧草。忽然十餘次飛馬報到，說司馬懿引大軍十五萬，望西城蜂擁而來。時孔明身邊並無大將，只有一班文官，所引五千軍，已分一半先運糧草去了，只剩二千五百軍在城中。衆官聽得這個消息，盡皆失色。孔明登城望之，果然塵土沖天，魏兵分兩路望西城縣殺來。孔明傳令，教將旌旗盡皆藏匿；諸將各守城鋪①，如有妄行出入，及高聲言語者，立斬；大開四門，每一門上用二十軍士，扮作百姓，灑掃街道，如魏兵到時，不可擅動，吾自有計。孔明乃披鶴氅，戴綸巾，引二小童攜琴一張，於城上敵樓前，凭欄而坐，焚香操琴。

却說司馬懿前軍哨到城下，見了如此模樣，皆不敢進，急報與司馬懿，懿笑而不信，遂止住三軍，自飛馬遠遠望之。果見孔明坐於城樓之上，笑容可掬②，焚香操琴。左有一童子，手捧寶劍；右有一童子，手執麈尾。城門內外，有二十餘百姓，低頭灑掃，傍若無人。懿看畢大疑，便到中軍，教後軍作前軍，前軍作後軍，望北山路而退。次子司馬昭曰：「莫非諸葛亮無軍，故作此態？父親何便退兵？」懿曰：「亮平生謹慎，不曾弄險。今大開城門，必有埋伏。我兵若進，中其計也。汝輩豈知？宜速退。」於是兩路兵盡皆退去。孔明見魏軍遠去，撫掌而笑。衆官無不駭然。乃問孔明曰：「司馬懿乃魏之名將，今統十五萬精兵到此，見了丞相，便速退去，何也？」孔明曰：「此人料吾平生謹慎，必不弄險；見如此模樣，疑有伏兵，所以退去。吾非行險，蓋因不得已而用之。此人必引軍投山北小路去也。吾已令興、苞二人在彼等候。」衆皆驚服曰：「丞相之機，神鬼莫測。若某等之見，必棄城而走矣。」孔明曰：「吾兵止有二千五百，若棄城而走，必不能遠遁。得不為司馬懿所擒乎？」後人有詩讚曰：

瑤琴三尺勝雄師，諸葛西城退敵時。十五萬人回馬處，土人指點到今疑。

言訖，拍手大笑，曰：「吾若為司馬懿，必不便退也。」遂下令，教西城百姓，隨軍入漢中：司馬懿必將復來。於是孔明離西城望漢中而走。天水、安定、南安三郡官吏軍民，陸續而來。

　　却說司馬懿望武功山小路而來。忽然山坡後喊殺連天，鼓聲震地。懿回顧二子曰：「吾若不走，必中諸葛亮之計矣。」只見大路上一軍殺來，旗上大書：「右護衛使虎翼將軍張苞」。魏兵皆棄甲抛戈而走。行不到一程，山谷中喊聲震地，鼓角喧天，前面一杆大旗，上書：「左護衛使龍驤將軍關興」。山谷應聲，不知蜀兵多少；更兼魏軍心疑，不敢久停，只得盡棄輜重而去。興、苞二人皆遵將令，不敢追襲，多得軍器糧草而歸。司馬懿見山谷中皆有蜀兵，不敢出大路，遂回街亭。此時曹眞聽知孔明退兵，急引兵追趕。山背後一聲礮響，蜀兵漫山遍野而來：為首大將，乃是姜維、馬岱。眞大驚，急退軍時，先鋒陳造已被馬岱所斬。眞引兵鼠竄而還。蜀兵連夜皆奔回漢中。

　　却說趙雲、鄧芝伏兵於箕谷道中。聞孔明傳令退軍，雲謂芝曰：「魏軍知吾兵退，必然來追。吾先引一軍伏於其後，公却引兵打吾旗號，徐徐而退。吾一步步自有護送也。」

卻說郭淮提兵再回箕谷道中，喚先鋒蘇顒分付曰：「蜀將趙雲，英勇無敵。汝可小心隄防。彼軍若退，必有計也。」蘇顒欣然曰：「都督若肯接應，某當生擒趙雲。」遂引前部三千兵，奔入箕谷。看看趕上蜀兵，只見山坡後閃出紅旗白字，上書：「趙雲」。蘇顒急收兵退走。行不到數里，喊聲大震，一彪軍撞出；為首大將，挺鎗躍馬，大喝曰：「汝識趙子龍否！」蘇顒大驚曰：「如何這裏又有趙雲？」措手不及，被趙雲一鎗刺死於馬下，餘軍潰散。雲迤邐前進，背後又一軍到：乃郭淮部將萬政也。雲見魏兵追急，乃勒馬挺鎗，立於路口，待來將交鋒——蜀兵已去三十餘里。萬政認得是趙雲，不敢前進。雲等得天色黃昏，方纔撥回馬緩緩而進。郭淮兵到，萬政言趙雲英勇如舊，因此不敢近前。淮傳令教軍急趕，政令數百騎壯士趕來。行至一大林，忽聽得背後大喝一聲曰：「趙子龍在此！」驚得魏兵落馬者百餘人，餘者皆越嶺而去。萬政勉強來敵，被雲一箭射中盔纓，驚跌於澗中。雲以鎗指之曰：「吾饒汝性命回去！快教郭淮趕來！」萬政脫命而回。雲護送車仗人馬，望漢中而去，沿途並無遺失。曹真、郭淮復奪三郡，以為己功。

　　却說司馬懿分兵而進：此時蜀兵盡回漢中去了。懿引一軍復到西城，因問遺下居民及山僻隱者，皆言孔明只有二千五百軍在城中，又無武將，只有幾個文官，別無埋伏。武功山小民告曰：「關興、張苞，只各有三千軍，轉山吶喊，鼓譟驚追，又無別軍，並不敢廝殺。」懿悔之不及，仰天歎曰：「吾不如孔明也！」遂安撫了諸處官民，引兵逕還長安，朝見魏主。叡曰：「今日復得隴西諸郡，皆卿之功也。」懿奏曰：「今蜀兵皆在漢中，未盡剿滅。臣乞大兵併力收川，以報陛下。」叡大喜，令懿卽便興兵。忽班內一人出奏曰：「臣有一計，足可定蜀降吳。」正是：蜀中將相方歸國，魏地君臣又逞謀。未知獻計者是誰，且看下文分解。

－－－－－－

① 城鋪－－城上巡查的崗位。

② 笑容可掬－－掬，兩手捧物；笑容可掬，是說笑容好

像可以用手去捧來一樣，就是說，笑得很自然。

第九十六回　孔明揮淚斬馬謖　周魴斷髮賺曹休

卻說獻計者，乃尚書孫資也。曹叡問曰：「卿有何妙計？」資奏曰：「昔太祖武皇帝收張魯時，危而後濟；常對羣臣曰：『南鄭之地，眞為天獄。』中斜谷道為五百里石穴，非用武之地。今欲盡起天下之兵伐蜀，則東吳又將入寇。不如以現在之兵，分命大將據守險要，養精蓄銳。不過數年，中國日盛，吳、蜀二國，必自相殘害：那時圖之，豈非勝算？乞陛下裁之。」叡乃問司馬懿曰：「此論若何？」懿奏曰：「孫尚書所言極當。」叡從之，命懿分撥諸將守把險要，留郭准、張郃守長安，大賞三軍，駕回洛陽。

卻說孔明回到漢中，計點軍士，只少趙雲、鄧芝，心中甚憂；乃令關興、張苞，各引一軍接應。二人正欲起身，忽報趙雲、鄧芝到來，並不曾折一人一騎；輜重等器，亦無遺失。孔明大喜，親引諸將出迎。趙雲慌忙下馬伏地曰：

「敗軍之將，何勞丞相遠接？」孔明急扶起，執手而言曰：「是吾不識賢愚，以致如此！各處兵將敗損，惟子龍不折一人一騎，何也？」鄧芝告曰：「某引兵先行，子龍獨自斷後，斬將立功，敵人驚怕：因此軍資什物，不曾遺棄。」孔明曰：「真將軍也！」遂取金五十斤以贈趙雲；又取絹一萬疋賞雲部卒。雲辭曰：「三軍無尺寸之功，某等俱各有罪；若反受賞，乃丞相賞罰不明也。且請寄庫，候今冬賜與諸軍未遲。」孔明歎曰：「先帝在日，常稱子龍之德，今果如此！」乃倍加欽敬。

忽報馬謖、王平、魏延、高翔至，孔明先喚王平入帳，責之曰：「吾令汝同馬謖守街亭，汝何不諫之，致使失事？」平曰：「某再三相勸，要在當道築土城，安營守把。參軍大怒不從，某因此自引五千軍離山十里下寨。魏兵驟至，把山四面圍合，某引兵衝殺十餘次，皆不能入。次日土崩瓦解，降者無數。某孤軍難立，故投魏文長求救。半途又被魏兵困在山谷之中，某奮死殺出。比及歸寨，早被魏兵占了。及投列柳城時，路逢高翔，遂分兵三路去劫魏寨，指望克復街亭。因見街亭並無伏路軍，以此心疑。登高望之，只見魏延、高翔被魏兵圍住，某即殺入重圍，救出二將，就同參軍併在一處。某恐失却陽平關，因此急來回守：非某之不諫也。丞相不信，可問各部將校。」孔明喝退，又喚馬謖入帳。謖自縛跪於帳前。孔明變色曰：「汝自幼飽讀兵書，熟諳戰法。吾累次丁寧告戒：街亭是吾根本。汝以全家之命，領此重任。汝若早聽王平之言，豈有此禍？今敗軍折將，失地陷城，皆汝之過也！若不明正軍律，何以服衆？汝今犯法，休得怨吾。汝死之後，汝之家小，吾按月給與祿糧，汝不必挂心。」叱左右推出斬之。謖泣曰：「丞相視某如子，某以丞相為父。某之死罪，實已難逃；願丞相思舜帝殛鯀用禹①之義，某雖死亦無恨於九泉！」言訖大哭。孔明揮淚曰：「吾與汝義同兄弟，汝之子卽吾之子也，不必多囑。」左右推出馬謖於轅門之外，將斬。參軍蔣琬自成都至，見武士欲斬馬謖，大驚，高叫：「留人！」入見孔明曰：「昔楚殺得臣而文公喜②。今天下未定，而戮智謀之臣，豈不可惜乎？」孔明流涕而答曰：「昔孫武所以能制勝於天下者，用法明也。今四方分爭，兵交方始，若復廢法，何以討賊耶？合當斬之。」須臾，武士獻馬謖首級於階下。孔明大哭不已。蔣琬問曰：「今幼常得罪，既正軍法，丞相何故哭耶？」孔明曰：「吾非為馬謖而哭：吾想先帝在白帝城臨危之時，曾囑吾曰：『馬謖言過其實，不可大用。』今果應此言，乃深恨己之不明，追思先帝之明，因此痛哭耳！」大小將士，無不流涕。馬謖亡年三十九歲：時建興六年夏五月也。後人有詩曰：

　　失守街亭罪不輕，堪嗟馬謖枉談兵。轅門斬首嚴軍法，拭淚猶思先帝明。

　　却說孔明斬了馬謖，將首級遍示各營已畢，用線縫在屍上，具棺葬之；自修祭文享祀；將謖家小加意撫恤，按月給與祿米。於是孔明自作表文，令蔣琬申奏後主，請自貶丞相之職。琬回成都，入見後主，進上孔明表章。後主拆視之，曰：

　　臣本庸才，叨竊非據，親秉旄鉞，以勵三軍。不能訓章明法，臨事而懼，至有街亭違命之闕，箕谷不戒之失。咎皆在臣：臣明不知人，慮事多闇。《春秋》責備，罪何所逃？請自貶三等，以督厥咎。臣不勝慚愧，俯伏待命！

後主覽畢曰：「勝負兵家常事，丞相何出此言？」侍中費禕奏曰：「臣聞治國者，必以奉法為重。法若不行，何以服人？丞相敗績，自行貶降，正其宜也。」後主從之，乃詔貶孔明為右將軍，行丞相事，照舊總督軍馬，就令費禕齎詔到漢中。孔明受詔貶降訖，禕恐孔明羞赧，乃賀曰：「蜀中之民，知丞相初拔四縣，深以為喜。」孔明變色曰：「是何言也！得而復失，與不得同。公以此賀我，實足使我愧赧耳。」禕又曰：「近聞丞相得姜維，天子甚喜。」孔明怒曰：「兵敗師還，不曾奪得寸土，此吾之大罪也。量得一姜維，於魏何損？」禕又曰：「丞相現統雄師數十萬，可再伐魏乎？」孔明曰：「昔大軍屯於祁山、箕谷之時，我兵多於賊兵，而不能破賊，反為賊所破：此病不在兵之多寡，在主將耳。今欲減兵省將，明罰思過，較變通之道於將來；如其不然，雖兵多何用？自今以後，諸人有遠慮於國者，但勤攻吾之闕，責吾之短，則事可定，賊可滅，功可翹足而待矣。」費禕諸將皆服其論。費禕自回成都。孔明在漢中，惜軍愛民，勵兵講武，置造攻城渡水之器，聚積糧草，預備戰筏，以為後圖。細作探知，報入洛陽。

魏主曹叡聞知，卽召司馬懿商議收川之策。懿曰：「蜀未可攻也：方今天道亢炎，蜀兵必不出。若我軍深入其地，彼守其險要，急切難下。」叡曰：「倘蜀兵再來入寇，如之奈何？」懿曰：「臣已算定今番諸葛亮必效韓信暗度陳倉③之計。臣舉一人往陳倉道口，築城守禦，萬無一失：此人身長九尺，猿臂善射，深有謀略。若諸葛亮入寇，此人足可當之。」叡大喜，問曰：「此何人也？」懿奏曰：「乃太原人：姓郝，名昭，字伯道，現為雜霸將軍，鎮守河西。」

叡從之，加郝昭為鎮西將軍，命守把陳倉道口。遣使持詔去訖。忽報揚州司馬大都督曹休上表，說東吳鄱陽太守周魴，願以郡來降，密遣人陳言七事，說東吳可破，乞早發兵取之。叡就御牀上展開，與司馬懿同觀。懿奏曰：「此言極有理，吳當滅矣。臣願引一軍往助曹休。」忽班中一人進曰：「吳人之言，反覆不一，未可深信。周魴智謀之士，必不肯降。此特誘兵之詭計也。」衆視之，乃建威將軍賈逵也。懿曰：「此言亦不可不聽，機會亦不可錯失。」魏主曰：「仲達可與賈逵同助曹休。」二人領命去訖。於是曹休引軍逕取皖城；賈逵引前將軍滿寵、東莞太守胡質，逕取陽城，直向東關；司馬懿引本部軍逕取江陵。

却說吳主孫權，在武昌東關，會多官商議曰：「今有鄱陽太守周魴密表，奏稱魏揚州都督曹休，有入寇之意。今魴詐施詭計，暗陳七事，引誘魏兵深入重地，可設伏兵擒之。今魏兵分三路而來，諸卿有何高見？」顧雍進曰：「此大任非陸伯言不敢當也。」權大喜，乃召陸遜，封為輔國大將軍、平北都元帥，統御林大兵，攝行王事：授以白旄黃鉞，文武百官，皆聽約束。權親自與遜執鞭。遜領命謝恩畢，乃保二人為左右都督，分兵以迎三道。權問何人，遜曰：「奮威將軍朱桓，綏南將軍全琮，二人可為輔佐。」權從之，即命朱桓為左都督，全琮為右都督。於是陸遜總率江南八十一州並荊湖之衆七十餘萬，令朱桓在左，全琮在右，遜自居中，三路進兵。朱桓獻策曰：「曹休以親見任，非智勇之將也。今聽周魴誘言，深入重地，元帥以兵擊之，曹休必敗。敗後必走兩條路：左乃夾石，右乃挂車。此二條路，皆山僻小徑，最為險峻。某願與全子璜各引一軍，伏於山險，先以柴木大石塞斷其路，曹休可擒矣。若擒了曹休，便長驅直進，唾手而得壽春，以窺許、洛，此萬世一時也。」遜曰：「此非善策，吾自有妙用。」於是朱桓懷不平而退。遜令諸葛瑾等拒守江陵，以敵司馬懿。諸路俱各調撥停當。

却說曹休兵臨皖城，周魴來迎，逕到曹休帳下。休問曰：「近得足下之書，所陳七事，深為有理，奏聞天子，故起大軍三路進發。若得江東之地，足下之功不小。有人言足下多謀，誠恐所言不實。吾料足下必不欺我。」周魴大哭，急掣從人所佩劍欲自刎，休急止之。魴仗劍而言曰：「吾所陳七事，恨不能吐出心肝。今反生疑，必有吳人使反間之計也。若聽其言，吾必死矣。吾之忠心，惟天可表！」言訖，又欲自刎。曹休大驚，慌忙抱住曰：「吾戲言爾。足下何故如此？」魴乃用劍割髮擲於地曰：「吾以忠心待公，公以吾為戲，吾割父母所遺之髮，以表此心。」曹休乃深信之，設宴相待。席罷，周魴辭去。忽報建威將軍賈逵來見，休令入，問曰：「汝此來何為？」逵曰：「某料東吳之兵，必盡屯於皖城。都督不可輕進。待某兩下夾攻，賊兵可破矣。」休怒曰：「汝欲奪吾功耶？」逵曰：「又聞周魴截髮為誓：此乃詐也——昔要離斷臂，刺殺慶忌④——未可深信。」休大怒曰：「吾正欲進兵，汝何出此言以慢我軍心！」叱左右推出斬之。衆將告曰：「未及進兵，先斬大將，於軍不利。且乞暫免。」休從之，將賈逵兵留在寨中調用，自引一軍來取東關。時周魴聽知賈逵削去兵權，暗喜曰：「曹休若用賈逵之言，則東吳敗矣！今天使我成功也！」即遣人密到皖城，報知陸遜。遜喚諸將聽令曰：「前面石亭，雖是山路，足可埋伏。早先去占石亭闊處，布成陣勢，以待魏軍。」遂令徐盛為先鋒，引兵前進。

却說曹休命周魴引兵前進。正行間，休問曰：「前至何處？」魴曰：「前面石亭也，堪以屯兵。」休從之，遂率大軍并車仗等器，盡赴石亭駐紮。次日，哨馬報道：「前面吳兵不知多少，據住山口。」休大驚曰：「周魴言無兵，為何有準備？」急尋魴問之。人報周魴引數十人，不知何處去了。休大悔曰：「吾中賊之計矣！——雖然如此，亦不足懼。」遂令大將張普為先鋒，引數千兵來與吳兵交戰。兩陣對圓，張普出馬罵曰：「賊將早降！」徐盛出馬相迎。戰無數合，普抵敵不住，勒馬收兵，回見曹休，言徐盛勇不可當。休曰：「吾當以奇兵勝之。」——就令張普引二萬軍伏於石亭之南。又令薛喬引二萬軍伏於石亭之北——「明日吾自引一千兵搦戰，却佯輸詐敗，誘到北山之前，放礮為號，三面夾攻，必獲大勝。」二將受計，各引二萬軍到晚埋伏去了。

　　却說陸遜喚朱桓、全琮分付曰：「汝二人各引三萬軍，從石亭山路抄到曹休寨後，放火為號；吾親率大軍從中路而進：可擒曹休也。」當日黃昏，二將受計引兵而進。二更時分，朱桓引一軍正抄到魏寨後，迎着張普伏兵。普不知是吳兵，逕來問時，被朱桓一刀斬於馬下。魏兵便走，桓令後軍放火。全琮引一軍抄到魏寨後，正撞在薛喬陣裏，就那裏大殺一陣。薛喬敗走，魏兵大損，奔回本寨。後面朱桓、全琮兩路殺來。曹休寨中大亂，自相衝擊。休慌上馬，望夾石道奔走。徐盛引大隊軍馬，從正路殺來。魏兵死者不可勝數，逃命者盡棄衣甲。曹休大驚，在夾石道中，奮力奔走。忽見一彪軍從小路衝出：為首大將，乃賈逵也。休驚慌少息，自愧曰：「吾不用公言，果遭此敗！」逵曰：「都督可速出此道：若被吳兵以木石塞斷，吾等皆危矣！」於是曹休驟馬而行，賈逵斷後。逵於林木盛茂處，及險峻小徑，多設旌旗以為疑兵。及至徐盛趕到，見山坡下閃出旗角，疑有埋伏，不敢追趕，收兵而回：因此救了曹休。司馬懿聽知休敗，亦引兵退去。

卻說陸遜正望捷音。須臾，徐盛、朱桓、全琮皆到。所得車仗、牛馬、驢騾、軍資、器械，不計其數，降兵數萬餘人。遜大喜，即同太守周魴并諸將班師還吳。吳主孫權，領文武官僚出武昌城迎接，以御蓋覆遜而入。諸將盡皆陞賞。權見周魴無髮，慰勞曰：「卿斷髮成此大事，功名當書於竹帛也。」即封周魴為關內侯，大設筵會，勞軍慶賀。陸遜奏曰：「今曹休大敗，魏兵喪膽；可修國書，遣使入川，教諸葛亮進兵攻之。」權從其言，遂遣使賫書入川去。正是：只因東國能施計，致令西川又動兵。未知孔明再來伐魏，勝負如何，且看下文分解。

－－－－－－

① 舜帝殛鯀用禹－－相傳：鯀治水失敗，舜帝殺鯀，又用鯀的兒子禹去治水。

② 楚殺得臣而文公喜－－成得臣是楚國的大將，由於對晉戰爭失利，回國被迫自殺。晉文公聽到這個消息，大為高興。

③ 暗度陳倉－－陳倉，地名，在今陝西省境。韓信將攻打項羽，表面上修棧道，以分散敵人的注意；暗中却將兵馬偷過陳倉。

④ 要離斷臂，刺殺慶忌－－要離，春秋時吳國人，奉吳公子光的命令，去刺吳王僚的兒子慶忌。他為了取得慶忌的信任，故意砍斷了自己的手臂，說是公子光砍的。後來果然把慶忌刺殺了。

第九十七回　討魏國武侯再上表　破曹兵姜維詐獻書

却說蜀漢建興六年秋九月，魏都督曹休被東吳陸遜大破於石亭，車仗馬匹，軍資器械，並皆罄盡。休惶恐之甚，氣憂成病，到洛陽，疽發背而死。魏主曹叡勅令厚葬。司馬懿引兵還。衆將接入問曰：「曹都督兵敗，即元帥之干係，何故急回耶？」懿曰：「吾料諸葛亮知吾兵敗，必乘虛來取長安。倘隴西緊急，何人救之？吾故回耳。」衆皆以為懼怯，哂笑而退。

却說東吳遣使致書蜀中，請兵伐魏，并言大破曹休之事：一者顯自己威風，二者通和會之好。後主大喜，令人持書至漢中，報知孔明。時孔明兵強馬壯，糧草豐足，所用之物，一切完備：正要出師；聽知此信，即設宴大會諸將，計議出師。忽一陣大風，自東北角上而起，把庭前松樹吹折。衆皆大驚。孔明就占一課，曰：「此風主損一大將！」諸將未信。正飲酒間，忽報鎮南將軍趙雲長子趙統、次子趙廣，來見丞相。孔明大驚，擲盃於地曰：「子龍休矣！」二子入見，拜哭曰：「某父昨夜三更病重而死。」

孔明跌足而哭曰：「子龍身故，國家損一棟梁，吾去一臂也！」衆將無不揮涕。孔明令二子入成都面君報喪。後主聞雲死，放聲大哭曰：「朕昔年幼，非子龍則死於亂軍之中矣！」即下詔追贈大將軍，謚封順平侯，勅葬於成都錦屏山之東；建立廟堂，四時享祭。後人有詩曰：

常山有虎將，智勇匹關張：漢水功勳在，當陽姓字彰。兩番扶幼主，一念答先皇。青史書忠烈，應流百世芳。

却說後主思念趙雲昔日之功，祭葬甚厚；封趙統為虎賁中郎，趙廣為牙門將，就令守墳。二人辭謝而去。忽近臣奏曰：「諸葛丞相將軍馬分撥已定，即日將出師伐魏。」後主問在朝諸臣，諸臣多言未可輕動。後主疑慮未決。忽奏丞相令楊儀齎出師表至。後主宣入，儀呈上表章。後主就御案上拆視。其表曰：

先帝慮漢、賊不兩立，王業不偏安，故託臣以討賊也。以先帝之明，量臣之才，故知臣伐賊，才弱敵強也。然不伐賊，王業亦亡。惟坐而待亡，孰與伐之？是故託臣而弗疑也。臣受命之日，寢不安席，食不甘味；思惟北征，宜先入南：故五月渡瀘，深入不毛，并日而食——臣非不自惜也：顧王業不可偏安於蜀都，故冒危難以奉先帝之遺意。而議者謂為非計。今賊適疲於西，又務於東，兵法乘勞：此進趨之時也。謹陳其事如左：

高帝明並日月，謀臣淵深，然涉險被創，危然後安；今陛下未及高帝，謀臣不如良、平，而欲以長策取勝，坐定天下：此臣之未解一也。劉繇、王朗，各據州郡，論安言計，動引聖人，羣疑滿腹，衆難塞胸；今歲不戰，明年不征，使孫權坐大，遂併江東：此臣之未解二也。曹操智計，殊絕於人，其用兵也，彷彿孫、吳；然困於南陽，險於烏巢，危於祁連，逼於黎陽，幾敗伯山，殆死潼關，然後偽定一時耳。況臣才弱，而欲以不危而定之：此臣之未解三也。曹操五攻昌霸不下，四越巢湖不成。任用李服，而李服圖之；委任夏侯，而夏侯敗亡。先帝每稱操為能，猶有此失。況臣駑下，何能必勝：此臣之未解四也。自臣到漢中，中間期年耳。然喪趙雲、陽羣、馬玉、閻芝、丁立、白壽、劉郃、鄧銅等，及曲長屯將七十餘人——突將無前——賨叟、青羌，散騎武騎一千餘人：此皆數十年之內，所糾合四方之精銳，非一州之所有，若復數年，則損三分之二也——當何以圖敵：此臣之未解五也。今民窮兵疲，而事不可息；事不可息，則住與行，勞費正等；而不及早圖之，欲以一州之地，與賊持久：此臣之未解六也。

夫難平者，事也。昔先帝敗軍於楚，當此時，曹操拊手，謂天下已定——然後先帝東連吳、越，西取巴、蜀，舉兵北征，夏侯授首。此操之失計，而漢事將成也——然後吳更違盟，關羽毀敗，秭歸蹉跌，曹丕稱帝：凡事如是，難可逆料。臣鞠躬盡瘁，死而後已；至於成敗利鈍，非臣之明所能逆覩也。

後主覽表甚喜，即勑令孔明出師。孔明受命，起三十萬精兵，令魏延總督前部先鋒，逕奔陳倉道口而來。

早有細作報入洛陽。司馬懿奏知魏主，大會文武商議。大將軍曹真出班奏曰：「臣昨守隴西，功微罪大，不勝惶恐。今乞引一軍往擒諸葛亮。臣近得一員大將，使六十斤大刀，騎千里征（馬宛）馬，開兩石鐵胎弓，暗藏三個流星鎚，百發百中，有萬夫不當之勇，乃隴西狄道人：姓王，名雙，字子全。臣保此人為先鋒。」叡大喜，便召王雙上殿。視之：身長九尺，面黑睛黃，熊腰虎背。叡笑曰：「朕得此大將，有何慮哉！」遂賜錦袍金甲，封為虎威將軍前部大先鋒。曹眞為大都督。眞謝恩出朝，遂引十五萬精兵，會合郭淮、張郃，分道守把隘口。

却說蜀兵前隊哨至陳倉，回報孔明，說：「陳倉口已築起一城，內有大將郝昭守把，深溝高壘，遍排鹿角，十分謹嚴；不如棄了此城，從太白嶺鳥道出祁山甚便。」孔明曰：「陳倉正北是街亭；必得此城，方可進兵。」命魏延引兵到城下，四面攻之。連日不能破。魏延復來告孔明，說城難打。孔明大怒，欲斬魏延。忽帳下一人告曰：「某雖無才，隨丞相多年，未嘗報効。願去陳倉城中，說郝昭來降，不用張弓隻箭。」衆視之，乃部曲靳詳也。孔明曰：「汝用何言以說之？」詳曰：「郝昭與某，同是隴西人氏，自幼交契。某今到彼，以利害說之，必來降矣。」孔明即令前去。靳詳驟馬，逕到城下叫曰：「郝伯道故人靳詳來見。」城上人報知郝昭。昭令開門放入，登城相見。昭問曰：「故人因何到此？」詳曰：「吾在西蜀孔明帳下，參贊軍機，待以上賓之禮。特令某來見公，有言相告。」昭勃然變色曰：「諸葛亮乃我國之讎敵也！吾事魏，汝事蜀：各事其主！昔時為昆仲，今時為讎敵！汝再不必多言，便請出城！」靳詳又欲開言，郝昭已出敵樓上了。魏軍急催上馬，趕出城外。詳回頭視之，見昭倚定護心木欄杆。詳勒馬以鞭指之曰：「伯道賢弟，何太情薄耶？」昭曰：「魏國法度，兄所知也。吾受國恩，但有死而已。兄不必下說詞。早回見諸葛亮，教快來攻城：吾不懼也！」詳回告孔明曰：「郝昭未等某開言，便先阻却。」孔明曰：「汝可再去見他，以利害說之。」詳又到城下，請郝昭相見。昭出到敵樓上。詳勒馬高叫曰：「伯道賢弟，聽吾忠言：汝據守一孤城，怎拒數十萬之衆？今不早降，後悔無及！且不順大漢而事奸魏，抑何不知天命，不辨清濁乎？願伯道思之。」郝昭大怒，拈弓搭箭，指靳詳而喝曰：「吾前言已定，汝不必再言！可速退——吾不射汝！」

靳詳回見孔明，具言郝昭如此光景。孔明大怒曰：

「匹夫無禮太甚！豈欺吾無攻城之具耶？」隨叫土人問曰：「陳倉城中，有多少人馬？」土人告曰：「雖不知的數，約有三千人。」孔明笑曰：「量此小城，安能禦我！休等他救兵到，火速攻之！」於是軍中起百乘雲梯，一乘上可立十數人，周圍用木板遮護。軍士各把短梯輭索，聽軍中擂鼓，一齊上城。郝昭在敵樓上，望見蜀兵裝起雲梯，四面而來，卽令三千軍各執火箭，分布四面；待雲梯近城，一齊射之。孔明只道城中無備，故大造雲梯，令三軍鼓譟吶喊而進；不期城上火箭齊發，雲梯盡着，梯上軍士多被燒死。城上矢石如雨，蜀兵皆退。孔明大怒曰：「汝燒吾雲梯，吾却用『衝車』之法！」於是連夜安排下衝車。次日，又四面鼓譟吶喊而進。郝昭急命運石鑿眼，用葛繩穿定飛打，衝車皆被打折。孔明又令人運土填城壕，教廖化引三千鍬钁軍，從夜間掘地道，暗入城去。郝昭又於城中掘重壕橫截之。如此晝夜相攻，二十餘日，無計可破。孔明正在營中憂悶。忽報：「東邊救兵到了，旗上書：『魏先鋒大將王雙』。」孔明問曰：「誰可迎之？」魏延出曰：「某願往。」孔明曰：「汝乃先鋒大將，未可輕出。」又問：「誰敢迎之？」裨將謝雄應聲而出。孔明與三千軍去了。孔明又問曰：「誰敢再去？」裨將龔起應聲要去。孔明亦與三千兵去了。孔明恐城內郝昭引兵衝出，乃把人馬退二十里下寨。

却說謝雄引軍前行，正遇王雙；戰不三合，被雙一刀劈死。蜀兵敗走。雙隨後趕來。龔起接着，交馬只三合，亦被雙所斬。敗兵回報孔明。孔明大驚，忙令廖化、王平、張嶷三人出迎。兩陣對圓，張嶷出馬。王平、廖化壓住陣角。王雙縱馬，來與張嶷交馬，數合不分勝負。雙詐敗便走，嶷隨後趕去，王平見張嶷中計，忙叫曰：「休趕！」嶷急回馬時，王雙流星鎚早到，正中其背。嶷伏鞍而走，雙回馬趕來。王平、廖化截住，救得張嶷回陣。王雙驅兵大殺一陣，蜀兵折傷甚多。嶷吐血幾口，回見孔明，說：「王雙英雄無敵；如今將二萬兵就陳倉城外下寨，四圍立起排柵，築起重城，深挑壕塹，守禦甚嚴。」孔明見折二將，張嶷又被打傷，即喚姜維曰：「陳倉道口這條路不可行。別有何策？」維曰：「陳倉城池堅固，郝昭守禦甚密；又得王雙相助，實不可取。不若令一大將，依山傍水，下寨固守；再令良將守把要道，以防街亭之攻；却統大軍去襲祁山，某却如此如此用計，可捉曹眞也。」孔明從其言，即令王平、李恢，引二枝兵守街亭小路；魏延引一軍守陳倉口。馬岱為先鋒，關興、張苞為前後救應使，從小徑出斜谷望祁山進發。

却說曹真因思前番被司馬懿奪了功勞，因此到洛陽分調郭淮、孫禮東西守把；又聽的陳倉告急，已令王雙去救。聞知王雙斬將立功，大喜，乃令中護軍大將費耀，權攝前部總督，諸將各自把守隘口。忽報山谷中捉得細作來見。曹真令押入，跪於帳前。其人告曰：「小人不是奸細，有機密來見都督，誤被伏路軍捉來，乞退左右。」真乃教去其縛，左右暫退。其人曰：「小人乃姜伯約心腹人也。蒙本官遣送密書。」真曰：「書安在？」其人於貼肉衣內取出呈上。真拆視曰：

罪將姜維百拜，書呈大都督曹麾下：維念世食魏祿，忝守邊城；叨竊厚恩，無門補報。昨日誤遭諸葛亮之計，陷身於巔崖之中。思念舊國，何日忘之？今幸蜀兵西出，諸葛亮甚不相疑。賴都督親提大兵而來：如遇敵人，可以詐敗；維當在後，以舉火為號，先燒蜀人糧草，却以大兵翻身掩之，則諸葛亮可擒也。非敢立功報國，實欲自贖前罪。倘蒙照察，速賜來命。

曹真看畢大喜，曰：「天使吾成功也！」遂重賞來人，便令回報，依期會合。真喚費耀商議曰：「今姜維暗獻密書，令吾如此如此。」耀曰：「諸葛亮多謀，姜維智廣，或者是諸葛亮所使——恐其中有詐。」真曰：「他原是魏人，不得已而降蜀，又何疑乎？」耀曰：「都督不可輕去，只守定本寨。某願引一軍接應姜維。如成功，盡歸都督；倘有奸計，某自支當。」真大喜，遂令費耀引五萬兵，望斜谷而進。行了兩三程，屯下軍馬，令人哨探。當日申時分，回報：「斜谷道中，有蜀兵來也。」耀忙催兵進。蜀兵未及交戰先退。耀引兵追之，蜀兵又來。方欲對陣，蜀兵又退：如此者三次，俄延至次日申時分。魏兵一日一夜，不曾敢歇，只恐蜀兵攻擊。方欲屯軍造飯，忽然四面喊聲大震，鼓角齊鳴，蜀兵漫山遍野而來。門旗開處，閃出一輛四輪車，孔明端坐其中，令人請魏軍主將答話。耀縱馬而出，遙見孔明，心中暗喜，回顧左右曰：「如蜀兵掩至，便退後走。若見山後火起，却回身殺去，自有兵來接應。」分付畢，躍馬出呼曰：「前者敗將，今何敢又來！」孔明曰：「喚汝曹真來答話！」耀罵曰：「曹都督乃金枝玉葉，安肯與反賊相見耶！」孔明大怒，把羽扇一招，左有馬岱，右有張嶷，兩路兵衝出。魏兵便退。行不到三十里，望見蜀兵背後火起，喊聲不絕。費耀只道號火，便回身殺來。蜀兵齊退。耀提刀在前，只望喊處追趕。將次近火，山路又鼓角喧天，喊聲震地，兩軍殺出：左有關興，右有張苞。山上矢石如雨，往下射來。魏兵大敗。費耀知是中計，急退軍望山谷中而走，人馬困乏。背後關興引生力軍趕來，魏兵自相踐踏及落澗身死者，不知其數。耀逃命而走，正遇山坡口一彪軍：乃是姜維。耀大罵曰：「反賊無信！吾不幸誤中汝奸計也！」維笑曰：「吾欲擒曹真，誤賺汝矣！速下馬受降！」耀驟馬奪路，望山谷中而走。忽見谷中火光沖天，背後追兵又至。耀自刎身死，餘衆盡降。孔明連夜驅兵，直至祁山前下寨，收住軍馬，重賞姜維。維曰：「某恨不得殺曹真也。」孔明亦曰：「可惜大計小用矣。」

却說曹真聽知折了費耀，悔之不及，遂與郭淮商議退兵之策。於是孫禮、辛毗星夜具表申奏魏主，言蜀兵又出祁山，曹真損兵折將，勢甚危急。叡大驚，即召司馬懿入內曰：「曹真損兵折將，蜀兵又出祁山。卿有何策，可以退之？」懿曰：「臣已有退諸葛亮之計：不用魏軍揚武耀威，蜀兵自然走矣。」正是：已見子丹無勝術，全憑仲達有良謀。未知其計如何，且看下文分解。

第九十八回　追漢軍王雙受誅　襲陳倉武侯取勝

卻說司馬懿奏曰：「臣嘗奏陛下，言孔明必出陳倉，故以郝昭守之：今果然矣。彼若從陳倉入寇，運糧甚便。今幸有郝昭、王雙守把，不敢從此路運糧。其餘小道，搬運艱難。臣算蜀兵行糧止有一月，利在急戰。我軍只宜久守。陛下可降詔，令曹眞堅守諸路關隘，不要出戰。不須一月，蜀兵自走。那時乘虛而擊之，諸葛亮可擒也。」叡欣然曰：「卿既有先見之明，何不自引一軍以襲之？」懿曰：「臣非惜身重命，實欲存下此兵，以防東吳陸遜耳。孫權不久必將僭號稱尊；如稱尊號，恐陛下伐之，定先入寇也：臣故欲以兵待之。」正言間，忽近臣奏曰：「曹都督奏報軍情。」懿曰：「陛下可即令人告戒曹眞：凡追趕蜀兵，必須觀其虛實，不可深入重地，以中諸葛亮之計。」叡即時下詔，遣太常卿韓暨持節告戒曹眞：「切不可戰，務在謹守；只待蜀兵退去，方纔擊之。」司馬懿送韓暨於城外，囑之曰：「吾以此功讓與子丹；公見子丹，休言是吾所陳之意，只道天子降詔，教保守為上。追趕之人，大要仔細，勿遣性急氣躁者追之。」暨辭去。

却說曹眞正升帳議事，忽報天子遣太常卿韓暨持節至。眞出寨接入。受詔已畢，退與郭淮、孫禮計議。淮笑曰：「此乃司馬仲達之見也。」眞曰：「此見若何？」淮曰：「此言深識諸葛亮用兵之法。久後能禦蜀兵者，必仲達也。」眞曰：「倘蜀兵不退，又將如何？」淮曰：「可密令人去教王雙，引兵於小路巡哨，彼自不敢運糧。待其糧盡兵退，乘勢追擊，可獲全勝。」孫禮曰：「某去祁山虛妝做運糧兵，車上盡裝乾柴茅草，以硫黃焰硝灌之，却教人虛報隴西運糧到。若蜀兵無糧，必然來搶。待入其中，放火燒車，外以伏兵應之，可勝矣。」眞喜曰：「此計大妙！」卽令孫禮引兵依計而行。又遣人教王雙引兵於小路巡哨，郭淮引兵提調箕谷、街亭，令諸路軍馬守把險要。眞又令張遼子張虎為先鋒，樂進子樂綝為副先鋒，同守頭營，不許出戰。

却說孔明在祁山寨中，每日令人挑戰，魏兵堅守不出。孔明喚姜維等商議曰：「魏兵堅守不出，是料吾軍中無糧也。今陳倉轉運不通，其餘小路盤涉艱難，吾算隨軍糧草，不敷一月用度，如之奈何？」正躊躇間，忽報隴西魏軍運糧數千車於祁山之西，運糧官乃孫禮也。孔明曰：「其人如何？」有魏人告曰：「此人曾隨魏主出獵於大石山。忽驚起一猛虎，直奔御前，孫禮下馬拔劍斬之。從此封為上將軍：乃曹眞心腹人也。」孔明笑曰：「此是魏將料吾乏糧，故用此計：車上裝載者，必是茅草引火之物。吾平生專用火攻，彼乃欲以此計誘我耶？彼若知吾軍去劫糧車，必來劫我寨矣。可將計就計而行。」遂喚馬岱分付曰：「汝引三千軍逕到魏兵屯糧之所，不可入營，但於上風頭放火。若燒着車仗，魏兵必來圍吾寨。」又差馬忠、張嶷各引五千兵在外圍住，內外夾攻。三人受計去了。又喚關興、張苞分付曰：「魏兵頭營接連四通之路。今晚若西山火起，魏兵必來劫吾營。汝二人却伏於魏寨左右。只等他兵出寨，汝二人便可劫之。」又喚吳班、吳懿分付曰：「汝二人各引一軍伏於營外。如魏兵到，可截其歸路。」孔明分撥已畢，自在祁山上凭高而坐。魏兵探知蜀兵要來劫糧，慌忙報與孫禮。禮令人飛報曹眞。眞遣人去頭營分付張虎、樂綝：「看今夜山西火起，蜀兵必來救應。可以出軍，如此如此。」二人受計，令人登樓專看號火。

卻說孫禮把軍伏於山西，只待蜀兵到。是夜二更，馬岱引三千兵來，人皆銜枚，馬盡勒口，逕到山西。見許多車仗，重重疊疊，攢繞成營，車仗虛插旌旗。正值西南風起，岱令軍士逕去營南放火，車仗盡着，火光沖天。孫禮只道蜀兵到魏寨內放號火，急引兵一齊掩至。背後鼓角喧天，兩路兵殺來：乃是馬忠、張嶷，把魏軍圍在垓心。孫禮大驚。又聽的魏軍中喊聲起，一彪軍從火光中殺來：乃是馬岱。內外夾攻，魏兵大敗。火緊風急，人馬亂竄，死者無數。孫禮引中傷軍，突煙冒火而走。

卻說張虎在營中，望見火光，大開寨門，與樂綝盡引人馬，殺奔蜀寨來——寨中卻不見一人。急收軍回時，吳班、吳懿兩路兵殺出，斷其歸路。張、樂二將急衝出軍圍，奔回本寨，只見土城之上，箭如飛蝗：原來卻被關興、張苞襲了營寨。魏兵大敗，皆投曹真寨來。方欲入寨，只見一彪敗軍飛奔而來，乃是孫禮；遂同入寨見真，各言中計之事。真聽知，謹守大寨，更不出戰。蜀兵得勝，回見孔明。

孔明令人密授計與魏延，一面教拔寨齊起。楊儀曰：「今已大勝，挫盡魏兵銳氣，何故反欲收軍？」孔明曰：「吾兵無糧，利在急戰。今彼堅守不出，吾受其病矣。彼今雖暫時兵敗，中原必有添益。若以輕騎襲吾糧道，那時要歸不能。今乘魏兵新敗，不敢正視蜀兵，便可出其不意，乘機退去。所憂者但魏延一軍，在陳倉道口拒住王雙，急不能脫身；吾已令人授以密計，教斬王雙，使魏人不敢來追。只今後隊先行。」當夜孔明只留金鼓守在寨中打更。一夜，兵已盡退，只落空營。

却說曹眞正在寨中憂悶，忽報左將軍張郃領軍到。郃下馬入帳，謂眞曰：「某奉聖旨，特來聽調。」眞曰：「曾別仲達否？」郃曰：「仲達分付云：『吾軍勝，蜀兵必不便去；若吾軍敗，蜀兵必即去矣。』今吾軍失利之後，都督曾往哨探蜀兵消息否？」眞曰：「未也。」於是即令人往探之，果是虛營，只插着數十面旌旗，兵已去了二日也。曹眞懊悔無及。

且說魏延受了密計，當夜二更拔寨，急回漢中。早有細作報知王雙。雙大驅軍馬，併力追趕。追到二十餘里，看看趕上，見魏延旗號在前，雙大叫曰：「魏延休走！」蜀兵更不回頭。雙拍馬趕來。背後魏兵大叫曰：「城外寨中火起，恐中敵人奸計。」雙急勒馬回時，只見一片火光沖天，慌令退軍。行到山坡左側，忽一騎馬從林中驟出，大喝曰：「魏延在此！」王雙大驚，措手不及，被延一刀砍於馬下。魏兵疑有埋伏，四散逃走。延手下止有三十騎人馬，望漢中緩緩而行。後人有詩讚曰：

孔明妙算勝孫龐，耿若長星照一方。進退行兵神莫測，陳倉道口斬王雙。

原來魏延受了孔明密計：先教存下三十騎，伏於王雙營邊；只待王雙起兵趕時，却去他營中放火；待他回寨，出其不意，突出斬之。魏延斬了王雙，引兵回到漢中見孔明，交割了人馬。孔明設宴大會——不在話下。

且說張郃追蜀兵不上，回到寨中。忽有陳倉城郝昭差人申報，言王雙被斬。曹眞聞知，傷感不已，因此憂成疾病；遂回洛陽，命郭淮、孫禮、張郃守長安諸道。

卻說吳主孫權設朝，有細作人報說：「蜀諸葛丞相出兵兩次，魏都督曹真兵損將亡。」於是羣臣皆勸吳王興師伐魏，以圖中原。權猶豫未決。張昭奏曰：「近聞武昌東山，鳳凰來儀；大江之中，黃龍屢現。主公德配唐、虞，明並文、武：可即皇帝位，然後興兵。」多官皆應曰：「子布之言是也。」遂選定夏四月丙寅日，築臺於武昌南郊。是日，羣臣請權登壇即皇帝位，改黃武八年為黃龍元年。諡父孫堅為武烈皇帝，母吳氏為武烈皇后，兄孫策為長沙桓王。立子孫登為皇太子。命諸葛瑾長子諸葛恪為太子左輔，張昭次子張休為太子右弼。

恪字元遜，身長七尺，極聰明，善應對：權甚愛之。年六歲時，值東吳筵會，恪隨父在座。權見諸葛瑾面長，乃令人牽一驢來，用粉筆書其面曰：「諸葛子瑜」。衆皆大笑。恪趨至前，取粉筆添二字於其下曰：「諸葛子瑜之驢」。滿座之人，無不驚訝。權大喜，遂將驢賜之。又一日，大宴官僚，權命恪把盞。巡至張昭面前，昭不飲，曰：「此非養老之禮也。」權謂恪曰：「汝能強子布飲乎？」

恪領命，乃謂昭曰：「昔姜尚父年九十，秉旄仗鉞，未嘗言老。今臨陣之日，先生在後；飲酒之日，先生在前：何謂不養老也？」昭無言可答，只得強飲：權因此愛之，故命輔太子。張昭佐吳王，位列三公之上，故以其子張休為太子右弼。又以顧雍為丞相，陸遜為上將軍，輔太子守武昌。權復還建業。羣臣共議伐魏之策。張昭奏曰：「陛下初登寶位，未可動兵。只宜修文偃武，增設學校，以安民心；遣使入川，與蜀同盟，共分天下，緩緩圖也。」

權從其言，即令使命星夜入川，來見後主。禮畢，細奏其事。後主聞知，遂與羣臣商議。衆議皆謂孫權僭越，宜絕其盟好。蔣琬曰：「可令人問於丞相。」後主即遣使到漢中問孔明。孔明曰：「可令人齎禮物入吳作賀，乞遣陸遜興師伐魏。魏必令司馬懿拒之。懿若南拒東吳，我再出祁山，長安可圖也。」後主依言，遂令太尉陳震，將名馬、玉帶、金珠、寶貝，入吳作賀。震至東吳，見了孫權，呈上國書。權大喜，設宴相待，打發回蜀。權召陸遜入，告以西蜀約會興兵伐魏之事。遜曰：「此乃孔明懼司馬懿之謀也。既與同謀，不得不從。今卻虛作起兵之勢，遙與西蜀為應。待孔明攻魏急，吾可乘虛取中原也。」即時下令，教荊襄各處都要訓練人馬，擇日興師。

却說陳震回到漢中，報知孔明。孔明尚憂陳倉不可輕進，先令人去哨探。回報說：「陳倉城中郝昭病重。」孔明曰：「大事成矣。」遂喚魏延、姜維分付曰：「汝二人領五千兵，星夜直奔陳倉城下；如見火起，併力攻城。」二人俱未深信，又來告曰：「何日可行？」孔明曰：「三日都要完備；不須辭我，即便起行。」二人受計去了。又喚關興、張苞至，附耳低言，如此如此。二人各受密計而去。

且說郭淮聞郝昭病重，乃與張郃商議曰：「郝昭病重，你可速去替他。我自寫表申奏朝廷，別行定奪。」張郃引着三千兵，急來替郝昭。時郝昭病危。當夜正呻吟之間，忽報蜀軍到城下了。昭急令人上城守把。時各門上火起，城中大亂。昭聽知驚死。蜀兵一擁入城。

却說魏延、姜維領兵到陳倉城下看時，並不見一面旗號，又無打更之人。二人驚疑，不敢攻城。忽聽得一聲礮響，四面旗幟齊豎。只見一人綸巾羽扇，鶴氅道袍，大叫曰：「汝二人來的遲了。」二人視之：乃孔明也。二人慌忙下馬，拜伏於地曰：「丞相眞神計也！」孔明令放入城，謂二人曰：「吾打探得郝昭病重，吾令汝三日內領兵取城，此乃穩衆人之心也。吾卻令關興、張苞，只推點軍，暗出漢中。吾卽藏於軍中，星夜倍道逕到城下，使彼不能調兵。吾早有細作在城內放火、發喊相助，令魏兵驚疑不定。兵無主將，必自亂矣。吾因而取之，易如反掌。兵法云：『出其不意，攻其無備。』正謂此也。」魏延、姜維拜伏。孔明憐郝昭之死，令彼妻小扶靈柩回魏，以表其忠。

孔明謂魏延、姜維曰：「汝二人且莫卸甲，可引兵去襲散關。把關之人，若知兵到，必然驚走。若稍遲便有魏兵至關，卽難攻矣。」魏延、姜維受命，引兵逕到散關。把關之人，果然盡走。二人上關纔要卸甲，遙見關外塵頭大起，魏兵到來。二人相謂曰：「丞相神算，不可測度！」急登樓視之，乃魏將張郃也。二人乃分兵守住險道。張郃見蜀兵守住要路，遂令退軍。魏延隨後追殺一陣。魏兵死者無數，張郃大敗而去。延回到關上，令人報知孔明。孔明先自領兵，出陳倉斜谷，取了建威。後面蜀兵陸續進發。後主又命大將陳式來助。孔明驅大兵復出祁山。安下營寨，孔明聚衆言曰：「吾二次出祁山，不得其利；今又到此，吾料魏人必依舊戰之地，與吾相敵。彼意疑我取雍、郿二處，必以兵拒守；吾觀陰平、武都二郡，與漢連接，若得此城，亦可分魏兵之勢。何人敢取之？」姜維曰：「某願往。」王平應曰：「某亦願往。」孔明大喜，遂令姜維引兵一萬取武都，王平引兵一萬取陰平。二人領兵去了。

再說張郃回到長安，見郭淮、孫禮，說：「陳倉已失，郝昭已亡，散關亦被蜀兵奪了。今孔明復出祁山，分道進兵。」淮大驚曰：「若如此，必取雍、郿矣！」乃留張郃守長安，令孫禮保雍城。淮自引兵星夜來郿城守禦，一面上表入洛陽告急。

却說魏主曹叡設朝，近臣奏曰：「陳倉城已失，郝昭已亡，諸葛亮又出祁山，散關亦被蜀兵奪了。」叡大驚。忽又奏滿寵等有表，說：「東吳孫權僭稱帝號，與蜀同盟。

今遣陸遜在武昌訓練人馬，聽候調用。只在旦夕，必入寇矣。」叡聞知兩處危急，舉止失措，甚是驚慌。此時曹眞病未痊，卽召司馬懿商議。懿奏曰：「以臣愚意所料，東吳必不舉兵。」叡曰：「卿何以知之？」懿曰：「孔明嘗思報猇亭之讎，非不欲吞吳也，只恐中原乘虛擊彼，故暫與東吳結盟。陸遜亦知其意，故假作興兵之勢以應之，實是坐觀成敗耳。陛下不必防吳，只須防蜀。」叡曰：「卿眞高見！」遂封懿為大都督，總攝隴西諸路軍馬，令近臣取曹眞總兵將印來。懿曰：「臣自去取之。」遂辭帝出朝，逕到曹眞府下，先令人入府報知，懿方進見。問病畢，懿曰：「東吳、西蜀會合，興兵入寇，今孔明又出祁山下寨，明公知之乎？」眞驚訝曰：「吾家人知我病重，不令我知。似此國家危急，何不拜仲達為都督，以退蜀兵耶？」懿曰：「某才薄智淺，不稱其職。」眞曰：「取印與仲達。」懿曰：「都督少慮：某願助一臂之力——只不敢受此印也。」眞躍起曰：「如仲達不領此任，中國必危矣！吾當抱病見帝以保之！」懿曰：「天子已有恩命，但懿不敢受耳。」眞大喜曰：「仲達今領此任，可退蜀兵。」懿見眞再三讓印，遂受之，入內辭了魏主，引兵往長安來與孔明決戰。正是：舊帥印為新帥取，兩路兵惟一路來。未知勝負如何，且看下文分解。

第九十九回　諸葛亮大破魏兵　司馬懿入寇西蜀

蜀漢建興七年，夏四月，孔明兵在祁山，分作三寨，專候魏兵。

却說司馬懿引兵到長安，張郃接見，備言前事。懿令郃為先鋒，戴陵為副將，引十萬兵到祁山，於渭水之南下寨。郭淮、孫禮入寨參見。懿問曰：「汝等曾與蜀兵對陣否？」二人答曰：「未也。」懿曰：「蜀兵千里而來，利在速戰；今來此不戰，必有謀也。隴西諸路，曾有信息否？」淮曰：「已有細作探得各郡十分用心，日夜隄防，並無他事。只有武都、陰平二處，未曾回報。」懿曰：「吾自差人與孔明交戰。汝二人急從小路去救二郡，却掩在蜀兵之後，彼必自亂矣。」二人受計，引兵五千，從隴西小路來救武都、陰平，就襲蜀兵之後。郭淮於路謂孫禮曰：「仲達比孔明如何？」禮曰：「孔明勝仲達多矣。」淮曰：「孔明雖勝，此一計足顯仲達有過人之智。蜀兵如正攻兩郡，我等從後抄到，彼豈不自亂乎？」正言間，忽哨馬來報：「陰平已被王平打破了。武都已被姜維打破了。

前離蜀兵不遠。」禮曰：「蜀兵既已打破了城池，如何陳兵於外？必有詐也。不如速退。」郭淮從之——方傳令教軍退時，忽然一聲礮響，山背後閃出一枝軍馬來，旗上大書：「漢丞相諸葛亮」，中央一輛四輪車，孔明端坐於上；左有關興，右有張苞。孫、郭二人見之，大驚。孔明大笑曰：「郭淮、孫禮休走！司馬懿之計，安能瞞得過吾？他每日令人在前交戰，却教汝等襲吾軍後。武都、陰平吾已取了。汝二人不早來降，欲驅兵與吾決戰耶？」郭淮、孫禮聽畢，大慌。忽報背後喊殺連天：王平、姜維引兵從後殺來。興、苞二將又引軍從前面殺來。兩下夾攻，魏兵大敗。郭、孫二人棄馬爬山而走。張苞望見，驟馬趕來；不期連人帶馬，跌入澗內。後軍急忙救起，頭已跌破。孔明令人送回成都養病。

　　却說郭、孫二人走脫，回見司馬懿曰：「武都、陰平二郡已失。孔明伏於要路，前後攻殺，因此大敗，棄馬步行，方得逃回。」懿曰：「非汝等之罪：孔明智在吾先。可再引兵守把雍、郿二城，切勿出戰。吾自有破敵之策。」二人拜辭而去。懿又喚張郃、戴陵分付曰：「今孔明得了武都、陰平，必然撫百姓以安民心，不在營中矣。汝二人各引一萬精兵，今夜起身，抄在蜀兵營後，一齊奮勇殺將過來；吾却引軍在前布陣，只待蜀兵勢亂，吾大驅士馬，攻殺進去：兩軍併力，可奪蜀寨也。若得此地山勢，破敵何難？」二人受計引兵而去。戴陵在左，張郃在右，各取小路進發，深入蜀兵之後。三更時分，來到大路，兩軍相遇，合兵一處，却從蜀兵背後殺來。行不到三十里，前軍不行。張、戴二人自縱馬視之，只見數百輛草車橫截去路。郃曰：「此必有準備。可急取路而回。」纔傳令退軍，只見滿山火光齊明，鼓角大震，伏兵四下皆出，把二人圍住。孔明在祁山上大叫曰：「戴陵、張郃可聽吾言：司馬懿料吾往武都、陰平撫民，不在營中，故令汝二人來劫吾寨，却中吾之計也。汝二人乃無名下將，吾不殺害，下馬早降！」郃大怒，指孔明而罵曰：「汝乃山野村夫，侵吾大國境界，如何敢發此言！吾若捉住汝時，碎屍萬段！」言訖，縱馬挺鎗，殺上山來。山上矢石如雨。郃不能上山，乃拍馬舞鎗，衝出重圍，無人敢當。蜀兵困戴陵在垓心。郃殺出舊路，不見戴陵，即奮勇翻身又殺入重圍，救出戴陵而回。孔明在山上，見郃在萬軍之中，往來衝突，英勇倍加，乃謂左右曰：「嘗聞張翼德大戰張郃，人皆驚懼。吾今日見之，方知其勇也。若留下此人，必為蜀中之害。

吾當除之。」遂收兵還營。

却說司馬懿引兵布成陣勢，只待蜀兵亂動，一齊攻之。忽見張郃、戴陵狼狽而來，告曰：「孔明先如此隄防，因此大敗而歸。」懿大驚曰：「孔明眞神人也！——不如且退。」卽傳令教大軍盡回本寨，堅守不出。

且說孔明大勝，所得器械、馬匹，不計其數，乃引大軍回寨。每日令魏延挑戰，魏兵不出。一連半月，不曾交兵。孔明正在帳中思慮，忽報天子遣侍中費禕齎詔至。孔明接入營中，焚香禮畢，開詔讀曰：

街亭之役，咎由馬謖；而君引愆，深自貶抑。重違君意，聽順所守。前年耀師，馘斬王雙；今歲爰征，郭淮遁走；降集氐、羌，復興二郡：威震兇暴，功勳顯然。方今天下騷擾，元惡未梟，君受大任，幹國之重，而久自抑損，非所以光揚洪烈也。今復君丞相：君其勿辭！

孔明聽詔畢，謂費禕曰：「吾國事未成，安可復丞相之職？」堅辭不受。禕曰：「丞相若不受職，拂了天子之意，又冷淡了將士之心：宜且權受。」孔明方纔拜受。禕辭去。

孔明見司馬懿不出，思得一計，傳令教各處皆拔寨而起。當有細作報知司馬懿，說孔明退兵了。懿曰：「孔明必有大謀，不可輕動。」張郃曰：「此必因糧盡而回，如何不追？」懿曰：「吾料孔明上年大收，今又麥熟，糧草豐足；雖然轉運艱難，亦可支吾半載：安肯便走？彼見吾連日不戰，故作此計引誘。可令人遠遠哨之。」軍士探知，回報說：「孔明離此三十里下寨。」懿曰：「吾料孔明果不走。且堅守寨柵，不可輕進。」住了旬日，絕無音信，並不見蜀將來戰。懿再令人哨探，回報說：「蜀兵已起營去了。」懿未信，乃更換衣服，雜在軍中，親自來看，果見蜀兵又退三十里下寨。懿回營謂張郃曰：「此乃孔明之計也，不可追趕。」又住了旬日，再令人哨探。回報說：「蜀兵又退三十里下寨。」郃曰：「孔明用緩兵之計，漸退漢中，都督何故懷疑，不早追之？郃願往決一戰！」懿曰：「孔明詭計極多，倘有差失，喪我軍之銳氣。不可輕進。」郃曰：「某去若敗，甘當軍令。」懿曰：「既汝要去，可分兵兩枝：汝引一枝先行，須要奮力死戰。吾隨後接應，以防伏兵。汝次日先進，到半途駐紮，後日交戰，使兵力不乏。」遂分兵已畢。次日，張郃、戴陵引副將數十員、精兵三萬，奮勇先進，到半路下寨。司馬懿留下許多軍馬守寨，只引五千精兵，隨後進發。

原來孔明密令人哨探，見魏兵半路而歇。是夜，孔明喚眾將商議曰：「今魏兵來追，必然死戰，汝等須以一當十，吾以伏兵截其後：非智勇之將，不可當此任。」言畢，以目視魏延。延低頭不語。王平出曰：「某願當之。」孔明曰：「若有失，如何？」平曰：「願當軍令。」孔明歎曰：「王平肯捨身親冒矢石，真忠臣也！雖然如此，奈魏兵分兩枝前後而來，斷吾伏兵在中；平縱然智勇，只可當一頭，豈可分身兩處？須再得一將同去為妙。怎奈軍中再無捨死當先之人！」言未畢，一將出曰：「某願往！」孔明視之：乃張翼也。孔明曰：「張郃乃魏之名將，有萬夫不當之勇，汝非敵手。」翼曰：「若有失事，願獻首於帳下。」孔明曰：「汝既敢去，可與王平各引一萬精兵伏於山谷中；只待魏兵趕上，任他過盡，汝等各引伏兵從後掩殺。若司馬懿隨後趕來，却分兵兩頭：張翼引一軍當住後隊，王平引一軍截其前隊。兩軍須要死戰——吾自有別計相助。」二人受計引兵而去。孔明又喚姜維、廖化分付曰：「與汝二人一個錦囊，引三千精兵，偃旗息鼓，伏於前山之上。如見魏兵圍住王平、張翼，十分危急，不必去救，只開錦囊看視，自有解危之策。」二人受計引兵而去。又令吳班、吳懿、馬忠、張嶷四將，附耳分付曰：「如來日魏兵到，銳氣正盛，不可便迎，且戰且走。只看關興引兵來掠陣之時，汝等便回軍趕殺，吾自有兵接應。」四將受計引兵而去。又喚關興分付曰：「汝引五千精兵，伏於山谷；只看山上紅旗颭動，却引兵殺出。」興受計引兵而去。

却說張郃、戴陵領兵前來，驟如風雨。馬忠、張嶷、吳懿、吳班四將接着，出馬交鋒。張郃大怒，驅兵追殺。蜀兵且戰且走，魏兵追趕約有二十餘里，時值六月天氣，十分炎熱，人馬汗如潑水。走到五十里外，魏兵盡皆氣喘。孔明在山上把紅旗一招，關興引兵殺出。馬忠等四將，一齊引兵掩殺回來。張郃、戴陵死戰不退。忽然喊聲大震，兩路軍殺出：乃王平、張翼也。各奮勇追殺，截其後路。郃大叫衆將曰：「汝等到此，不決一死戰，更待何時！」

魏兵奮力衝突，不得脫身。忽然背後鼓角喧天，司馬懿自領精兵殺到。懿指揮衆將，把王平、張翼困在垓心。翼大呼曰：「丞相眞神人也！計已算定，必有良謀。吾等當決一死戰！」即分兵兩路：平引一軍截住張郃、戴陵，翼引一軍力當司馬懿。兩頭死戰，叫殺連天。姜維、廖化在山上探望，見魏兵勢大，蜀兵力危，漸漸抵當不住。維謂化曰：「如此危急，可開錦囊看計。」二人拆開視之，內書云：「若司馬懿兵來圍王平、張翼至急，汝二人可分兵兩枝，竟襲司馬懿之營，懿必急退，汝可乘亂攻之。營雖不得，可獲全勝。」二人大喜，即分兵兩路，逕襲司馬懿營中而去。

原來司馬懿亦恐中孔明之計，沿途不住的令人傳報。懿正催戰間，忽流星馬飛報，言蜀兵兩路竟取大寨去了。懿大驚失色，乃謂衆將曰：「吾料孔明有計，汝等不信，勉強追來，却誤了大事！」即提兵急回。軍心惶惶亂走。張翼隨後掩殺，魏兵大敗。張郃、戴陵見勢孤，亦望山僻小路而走，蜀兵大勝。背後關興引兵接應諸路。司馬懿大敗一陣，奔入寨時，蜀兵已自回去。懿收聚敗軍，責罵諸將曰：「汝等不知兵法，只憑血氣之勇，強欲出戰，致有此敗。今後切不許妄動，再有不遵，決正軍法！」衆皆羞慚而退。這一陣，魏軍死者極多，遺棄馬匹、器械無數。

却說孔明收得勝軍馬入寨，又欲起兵進取。忽報有人自成都來，說張苞身死。孔明聞知，放聲大哭，口中吐血，昏絕於地。衆人救醒。孔明自此得病臥牀不起。諸將無不感激。後人有詩歎曰：

悍勇張苞欲建功，可憐天不助英雄！武侯淚向西風灑，為念無人佐鞠躬。

旬日之後，孔明喚董厥、樊建等入帳分付曰：「吾自覺昏沈，不能理事；不如且回漢中養病，再作良圖。汝等切勿走泄：司馬懿若知，必來攻擊。」遂傳號令，教當夜暗暗拔寨，皆回漢中。孔明去了五日，懿方得知，乃長歎曰：「孔明眞有神出鬼沒之計：吾不能及也！」於是司馬懿留諸將在寨中，分兵守把各處隘口；懿自班師回。

却說孔明將大軍屯於漢中，自回成都養病；文武官僚出城迎接，送入丞相府中；後主御駕自來問病，命御醫調治，日漸痊可。

建興八年秋七月，魏都督曹眞病可，乃上表說：「蜀兵數次侵界，屢犯中原，若不剿除，後必為患。今時值秋涼，人馬安閒，正當征伐。臣願與司馬懿同領大軍，逕入漢中，殄滅①奸黨，以清邊境。」魏主大喜，問侍中劉曄曰：「子丹勸朕伐蜀，若何？」曄奏曰：「大將軍之言是也：今若不剿除，後必為大患。陛下便可行之。」叡點頭。曄出內回家，有衆大臣相探，問曰：「聞天子與公計議興兵伐蜀，此事如何？」曄應曰：「無此事也：蜀有山川之險，非可易圖。空費軍馬之勞，於國無益。」衆官皆默然而退。楊暨入內奏曰：「昨聞劉曄勸陛下伐蜀；今日與衆臣議，又云不可伐：是欺陛下也。陛下何不召而問之？」叡即召劉曄入內問曰：「卿勸朕伐蜀；今又言不可。何也？」曄曰：「臣細詳之，蜀不可伐。」叡大笑。少時，楊暨出內。曄奏曰：「臣昨日勸陛下伐蜀，乃國之大事，豈可妄泄於人？夫兵者，詭道也：事未發切宜祕之。」叡大悟曰：「卿言是也。」自此愈加敬重。旬日內，司馬懿入朝，魏主將曹眞表奏之事，逐一言之。懿奏曰：「臣料東吳未敢動兵，今日正可乘此去伐蜀。」叡卽拜曹眞為大司馬征西大都督，司馬懿為大將軍征西副都督，劉曄為軍師。三人拜辭魏主，引四十萬大兵，前行至長安，逕奔劍閣，來取漢中。其餘郭淮、孫禮等，各取路而行。

漢中人報入成都。此時孔明病好多時，每日操練人馬，習學八陣之法，盡皆精熟，欲取中原；聽得這個消息，遂喚張嶷、王平分付曰：「汝二人先引一千兵去守陳倉古道，以當魏兵；吾却提大兵便來接應。」二人告曰：「人報魏軍四十萬，詐稱八十萬，聲勢甚大，如何只與一千兵去守隘口？倘魏兵大至，何以拒之？」孔明曰：「吾欲多與，恐士卒辛苦耳。」嶷與平面面相覷，皆不敢去。孔明曰：「若有疎失，非汝等之罪。不必多言，可疾去。」二人又哀告曰：「丞相欲殺某二人，就此請殺，只不敢去。」孔明笑曰：「何其愚也！吾令汝等去，自有主見：吾昨夜仰觀天文，見畢星躔於太陰之分，此月內必有大雨淋漓。魏兵雖有四十萬，安敢深入山險之地？因此不用多軍，決不受害。吾將大軍皆在漢中安居一月，待魏兵退，那時以大兵掩之：以逸待勞，吾十萬之衆可勝魏兵四十萬也。」二人聽畢，方大喜，拜辭而去。孔明隨統大軍出漢中，傳令叫各處隘口，預備乾柴草料細糧，俱彀一月人馬支用，以防秋雨；將大軍寬限一月，先給衣食，伺候出征。

却說曹眞、司馬懿同領大軍，逕到陳倉城內，不見一間房屋；尋土人問之，皆言孔明回時放火燒毀。曹眞便要從陳倉道進發。懿曰：「不可輕進：我夜觀天文，見畢星躔於太陰之分，此月內必有大雨。若深入重地，常勝則可；倘有疎虞，人馬受苦，要退則難。且宜在城中搭起窩鋪②住紮，以防陰雨。」眞從其言。未及半月，天雨大降，淋漓不止。陳倉城外，平地水深三尺，軍器盡濕，人不得睡，晝夜不安。大雨連降三十日，馬無草料，死者無數。軍士怨聲不絕。傳入洛陽，魏主設壇，求晴不得。黃門侍郎王肅上疏曰：

前志有之：「千里饋糧，士有飢色；樵蘇後爨③，師不宿飽。」此謂平途之行軍者也。又況於深入險阻，鑿路而行，則其為勞，必相百也。今又加之以霖雨，山坡峻滑，衆逼而不展，糧遠而難繼：實行軍之大忌也。聞曹眞發已踰月，而行方半谷，治道功大，戰士悉作：是彼偏得以逸待勞，乃兵家之所憚也。言之前代，則武王伐紂，出關而復還；論之近事，則武、文征權，臨江而不濟：豈非順天知時，通於權變者哉？願陛下念水雨艱劇之故，休息士卒；後日有釁，乘時用之。所謂「悅以犯難，民忘其死」者也。

魏主覽表，正在猶豫，楊阜、華歆亦上疏諫。魏主即下詔，遣使詔曹真、司馬懿還朝。

　　却說曹真與司馬懿商議曰：「今連陰三十日，軍無戰心，各有思歸之意，如何禁止？」懿曰：「不如且回。」真曰：「倘孔明追來，怎生退之？」懿曰：「先伏兩軍斷後，方可回兵。」正議間，忽使命來召。二人遂將大軍前隊作後隊，後隊作前隊，徐徐而退。

　　却說孔明計算一月秋雨，天氣未晴，自提一軍屯於城固，又傳令教大軍會於赤坡駐紮。孔明升帳喚衆將言曰：「吾料魏兵必走，魏主必下詔來取曹真、司馬懿兵回。吾若追之，必有準備；不如任他且去，再作良圖。」忽王平令人報來，說魏兵已回。孔明分付來人，傳與王平：「不可追襲，吾自有破魏兵之策。」正是：魏兵縱使能埋伏，漢相原來不肯追。未知孔明怎生破魏，且看下文分解。

———————

① 殄滅——殲滅、消滅。

② 窩鋪——臨時搭蓋，作為防護、警備之用的草棚。就是現在的窩棚。

③ 樵蘇後爨——樵，打柴；蘇，取草；爨，燒火作飯。這句話就是說：先打柴取草，然後作飯。

第一百回　漢兵劫寨破曹真　武侯鬥陣辱仲達

卻說衆將聞孔明不追魏兵，俱入帳告曰：「魏兵苦雨，不能屯紮，因此回去：正好乘勢追之。丞相如何不追？」孔明曰：「司馬懿善能用兵，今軍退必有埋伏。吾若追之，正中其計。不如縱他遠去，吾卻分兵逕出斜谷而取祁山，使魏人不隄防也。」衆將曰：「取長安之地，別有路途，丞相只取祁山，何也？」孔明曰：「祁山乃長安之首也：隴西諸郡，倘有兵來，必經由此地；更兼前臨渭濱，後靠斜谷，左出右入，可以伏兵，乃用武之地。吾故欲先取此，得地利也。」衆將皆拜服。孔明令魏延、張嶷、杜瓊、陳式出箕谷；馬岱、王平、張翼、馬忠出斜谷；俱會於祁山。調撥已定，孔明自提大軍，令關興、廖化為先鋒，隨後進發。

卻說曹真、司馬懿二人，在後監督人馬，令一軍往陳倉古道探視，回報說蜀兵不來。又行旬日，後面埋伏衆將皆回，說蜀兵全無音耗。真曰：「連綿秋雨，棧道斷絕，蜀人豈知吾等退軍耶？」懿曰：「蜀兵隨後出矣。」真曰：

「何以知之？」懿曰：「連日晴明，蜀兵不趕，料吾有伏兵也，故縱吾兵遠去；待我兵過盡，他却奪祁山矣。」曹眞不信。懿曰：「子丹如何不信？吾料孔明必從兩谷而來。吾與子丹各守一谷口，十日為期。若無蜀兵來，我面塗紅粉，身穿女衣，來營中伏罪。」眞曰：「若有蜀兵來，我願將天子所賜玉帶一條、御馬一匹與你。」卽分兵兩路：眞引兵屯於祈山之西，斜谷口；懿引軍屯於祈山之東，箕谷口。各下寨已畢。懿先引一枝兵伏於山谷中；其餘軍馬，各於要路安營。懿更換衣裝，雜在衆軍之內，遍觀各營。忽到一營，有一偏將仰天而怨曰：「大雨淋了許多時，不肯回去，今又在這裏頓住，強要賭賽，却不苦了官軍！」懿聞言歸寨升帳，聚衆將皆到帳下，挨出那將來。懿叱之曰：「朝廷養軍千日，用在一時。汝安敢出怨言，以慢軍心！」其人不招。懿叫出同伴之人對證，那將不能抵賴。懿曰：「吾非賭賽；欲勝蜀兵，令汝各人有功回朝。汝乃妄出怨言，自取罪戾！」喝令武士推出斬之。須臾，獻首帳下。衆將悚然。懿曰：「汝等諸將皆要盡心已防蜀兵。聽吾中軍礮響，四面皆進。」衆將受命而退。

却說魏延、張嶷、陳式、杜瓊四將，引二萬兵，取箕谷而進。正行之間，忽報參謀鄧芝到來，四將問其故。芝曰：「丞相有令：如出箕谷，隄防魏兵埋伏，不可輕進。」陳式曰：「丞相用兵何多疑耶？吾料魏兵連遭大雨，衣甲皆毀，必然急歸；安得又有埋伏？今吾兵倍道而進，可獲大勝，如何又教休進？」芝曰：「丞相計無不中，謀無不成，汝安敢違命？」式笑曰：「丞相若果多謀，不致街亭之失！」魏延想起孔明向日不聽其計，亦笑曰：「丞相若聽吾言，逕出子午谷，此時休說長安，連洛陽皆得矣！今執定要出祈山，有何益耶？旣令進兵，今又教休進，何其號令不明！」式曰：「吾自有五千兵，逕出箕谷，先到祈山下寨，看丞相羞也不羞！」芝再三阻當，式只不聽，逕自引五千兵出箕谷去了。鄧芝只得飛報孔明。

却說陳式引兵行不數里，忽聽一聲礮響，四面伏兵皆出。式急退時，魏兵塞滿谷口，圍得鐵桶相似。式左衝右突，不能得脫。忽聞喊聲大震，一彪軍殺入，乃是魏延；救了陳式，回到谷中，五千兵只剩得四五百帶傷人馬。背後魏兵趕來，却得杜瓊、張嶷引兵接應，魏兵方退。陳、魏二人方信孔明先見如神，懊悔不及。

且說鄧芝回見孔明，言魏延、陳式如此無禮。孔明笑曰：「魏延素有反相，吾知彼常有不平之意；因憐其勇而用之——久後必生患害。」正言間，忽流星馬報到，說陳式折了四千餘人，止有四五百帶傷人馬，屯在谷中。孔明令鄧芝再來箕谷撫慰陳式，防其生變；一面喚馬岱、王平分付曰：「斜谷若有魏兵守把，汝二人引本部軍越山嶺，夜行晝伏，速出祈山之左，舉火為號。」又喚馬忠、張翼分付曰：「汝等亦從山僻小路，晝伏夜行，逕出祈山之右，舉火為號，與馬岱、王平會合，共劫曹真營寨。吾自從谷中三面攻之，魏兵可破也。」四人領命分頭引兵去了。孔明又喚關興、廖化分付曰：如此如此。二人受了密計，引兵而去。孔明自領精兵倍道而行。正行間，又喚吳班、吳懿授與密計，亦引兵先行。

却說曹真心中不信蜀兵來，以此怠慢，縱令軍士歇息；只等十日無事，要羞司馬懿。不覺守了七日，忽有人報谷中有些小蜀兵出來。真令副將秦良引五千兵哨探，不許縱令蜀兵近界。秦良領命，引兵剛到谷中，哨見蜀兵退去。

良急引兵趕來，行到五六十里，不見蜀兵，心下疑惑，教軍士下馬歇息。忽哨馬報說：「前面有蜀兵埋伏。」良上馬看時，只見山中塵土大起，急令軍士隄防。不一時，四壁廂喊聲大震：前面吳班、吳懿引兵殺出，背後關興、廖化引兵殺來。左右是山，皆無走路。山上蜀兵大叫：「下馬投降者免死！」魏軍大半多降。秦良死戰，被廖化一刀斬於馬下。孔明把降卒拘於後軍，却將魏軍衣甲與蜀軍五千人穿了，扮作魏兵，令關興、廖化、吳班、吳懿四將引着，逕奔曹眞寨來；先令報馬入寨說：「只有些小蜀兵，盡趕去了。」眞大喜。忽報司馬都督差心腹人至。眞喚入問之。其人告曰：「今蜀兵用埋伏計，殺魏兵四千餘人。司馬都督致意將軍，教休將賭賽為念，務要用心隄防。」眞曰：「吾這裏並無一個蜀兵。」遂打發來人回去。忽又報秦良引兵回來了。眞自出帳迎之。比及到寨，人報前後兩把火起。眞急回寨後看時，關興、廖化、吳班、吳懿四將，指麾蜀軍，就營前殺將進來；馬岱、王平從後面殺來；馬忠、張翼亦引兵殺到。魏兵措手不及，各自逃生。衆將保曹眞望東而走，背後蜀兵趕來。曹眞正奔走，忽然喊聲大震，一彪軍殺到。眞膽戰心驚；視之，乃司馬懿也。懿大戰一場，蜀兵方退。眞得脫，羞慚無地。懿曰：「諸葛亮奪了祈山地勢，吾等不可久居此處；宜去渭濱安營，再作良圖。」眞曰：「仲達何以知吾遭此大敗也？」懿曰：「見來人報稱子丹說並無一個蜀兵，吾料孔明暗來劫寨，因此知之，故相接應。今果中計。切莫言賭賽之事，只同心報國。」曹眞甚是惶恐，氣成疾病，臥牀不起。兵屯渭濱，懿恐軍心有亂，不敢教眞引兵。

卻說孔明大驅士馬，復出祈山。勞軍已畢，魏延、陳式、杜瓊、張嶷四將入帳拜伏請罪。孔明曰：「是誰失陷了軍來？」延曰：「陳式不廳號令，潛入谷口，以此大敗。」式曰：「此事魏延教我行來。」孔明曰：「他倒救你，你反攀他！將令以違，不必巧說！」卽令武士推出陳式斬之。須臾，懸首於帳前，以示諸將——此時孔明不殺魏延，欲留之以為後用也。孔明旣斬了陳式，正議進兵，忽有細作報說曹眞臥病不起，現在營中治療。孔明大喜。謂諸將曰：「若曹眞病輕，必便回長安。今魏兵不退，必為病重，故留於軍中，以安衆人之心。吾寫下一書，教秦良的降兵持與曹眞，眞若見之，必然死矣。」遂喚降兵至帳下，問曰：「汝等皆是魏軍，父母妻子，多在中原，不宜久居蜀中。今放汝等回家，若何？」衆軍泣淚拜謝。孔明曰：「曹子丹與吾有約；吾有一書，汝等帶回，送與子丹，必有重賞。」魏軍領了書，奔回本寨，將孔明書呈與曹眞。眞扶病而起，拆封視之。其書曰：

漢丞相武鄉侯諸葛亮，致書於大司馬曹子丹之前：切謂夫為將者：能去能就，能柔能剛；能進能退，能弱能強。不動如山岳，難知如陰陽；無窮如天地，充實如太倉；浩渺如四海，眩曜如三光。預知天文之旱澇，先識地理之平康。察陣勢之期會，揣敵人之短長。嗟爾無學後輩，上逆穹蒼，助篡國之反賊，稱帝號於洛陽；走殘兵於斜谷，遭霖雨於陳倉！水陸困乏，人馬猖狂！拋盈郊之戈甲，棄滿地之刀鎗！都督心崩而膽裂，將軍鼠竄而狼忙！無面見關中之父老，何顏入相府之廳堂！史官秉筆而記錄，百姓衆口而傳揚：仲達聞陣而惕惕，子丹望風而遑遑！吾軍兵強而馬壯，大將虎奮以龍驤！掃秦川為平壤，蕩魏國作坵荒！

曹眞看畢，恨氣填胸，至晚死於軍中。司馬懿用兵車裝載，差人送赴洛陽安葬。魏主聞知曹眞已死，卽下詔催司馬懿出戰。懿提大軍來與孔明交鋒，隔日先下戰書。

孔明謂諸將曰：「曹眞必死矣。」遂批回來日交鋒。使者去了。孔明當夜教姜維受了密計，如此而行；又喚關興分付：如此如此。次日，孔明盡起祁山之兵前到渭濱：一邊是河，一邊是山，中央平川曠野，好片戰場！兩軍相迎，以弓箭射住陣角。三通鼓罷，魏陣中門旗開處，司馬懿出馬，衆將隨後而出。只見孔明端坐於四輪車上，手搖羽扇。懿曰：「吾主上法堯禪舜，相傳二帝，坐鎭中原，容汝蜀、吳兩國者，乃吾主寬慈仁厚，恐傷百姓也。汝乃南陽一耕夫，不識天數，強要相侵，理宜殄滅！如省心改過，宜卽早回，各守疆界，以成鼎足之勢，免致生靈塗炭，汝等皆得全生！」孔明笑曰：「吾受先帝託孤之重，安肯不傾心竭力以討賊乎？汝曹氏不久為漢所滅。汝祖父皆為漢臣，世食漢祿，不思報効，反助篡逆，豈不自恥？」懿羞慚滿面曰：「吾與汝決一雌雄！汝若能勝，吾誓不為大將！汝若敗時，早歸故里，吾並不加害！」

孔明曰：「汝欲鬥將？鬥兵？鬥陣法？」懿曰：「先

鬥陣法。」孔明曰：「先布陣我看。」懿入中軍帳下，手執黃旗招颭，左右軍動，排成一陣，復上馬出陣，問曰：「汝識吾陣否？」孔明笑曰：「吾軍中末將，亦能布之！此乃『混元一氣陣』也。」懿曰：「汝布陣我看。」孔明入陣，把羽扇一搖，復出陣前，問曰：「汝識我陣否？」懿曰：「量此『八卦陣』，如何不識！」孔明曰：「識便識了，敢打我陣否？」懿曰：「既識之，如何不敢打！」孔明曰：「汝只管打來。」司馬懿回到本陣中，喚戴陵、張虎、樂綝三將，分付曰：「今孔明所布之陣，按休、生、傷、杜、景、死、驚、開八門。汝三人可從正東生門打入，往西南休門殺出，復從正北開門殺入：此陣可破。汝等小心在意！」於是戴陵在中，張虎在前，樂綝在後，各引三十騎，從生門打入。兩軍吶喊相助。三人殺入蜀陣，只見陣如連城，衝突不出。三人慌引騎轉過陣脚，往西南衝去，却被蜀兵射住，衝突不出。陣中重重疊疊，都有門戶，那裏分東西南北？三將不能相顧，只管亂撞，但見愁雲漠漠，慘霧濛濛。喊聲起處，魏軍一個個皆被縛了，送到中軍。孔明坐於帳中，左右將張虎、戴陵、樂綝并九十個軍，皆縛在帳下。孔明笑曰：「吾縱然捉得汝等，何足為奇！吾放汝等回見司馬懿，教他再讀兵書，重觀戰策，那時來決雌雄，未為遲也。汝等性命既饒，當留下軍器戰馬。」遂將衆人衣服脫了，以墨塗面，步行出陣。司馬懿見之大怒，回顧諸將曰：「如此挫敗銳氣，有何面目回見中原大臣耶！」即指揮三軍，奮死掠陣。懿自拔劍在手，引百餘驍將，催督衝殺。兩軍恰纔相會，忽然陣後鼓角齊鳴，喊聲大震，一彪軍從西南上殺來：乃關興也。懿分後軍當之，復催軍向前廝殺。忽然魏兵大亂：原來姜維引一彪軍悄地殺來。蜀兵三路夾攻，懿大驚，急忙退軍。蜀兵周圍殺到，懿引三軍望南死命衝出。魏兵十傷六七。司馬懿退在渭濱南岸下寨，堅守不出。

孔明收得勝之兵，回到祁山時，永安城李嚴，遣都尉苟安解送糧米至軍中交割。苟安好酒，於路怠慢，違限十日。孔明大怒曰：「吾軍中專以糧為大事，誤了三日，便該處斬！汝今誤了十日，有何理說？」喝令推出斬之。長使楊儀曰：「苟安乃李嚴用人，又兼錢糧多出於西川，若殺此人，後無人敢送糧也。」孔明乃叱武士去其縛，杖八十放之。苟安被責，心中懷恨，連夜引親隨五六騎，逕奔魏寨投降。懿喚入，苟安拜告前事。懿曰：「雖然如此，孔明多謀，汝言難信。汝能為我幹一件大功，吾那時奏准天子，保汝為上將。」安曰：「但有甚事，即當効力。」懿曰：「汝可回成都布散流言，說孔明有怨上之意，早晚欲稱為帝，使汝主召回孔明：便是汝之功。」苟安允諾，逕回成都，見了宦官，布散流言，說孔明自倚大功，早晚必將篡國。宦官聞知大驚，即入內奏帝，細言前事。後主驚訝曰：「似此如之奈何？」宦官曰：「可詔還成都，削其兵權，免生叛逆。」後主下詔，宣孔明班師回朝。蔣琬出班奏曰：「丞相自出師以來，累建大功，何故宣回？」後主曰：「朕有機密事，必須與丞相面議。」即遣使齎詔星夜宣孔明回。使命逕到祈山大寨，孔明接入，受詔以畢，仰天歎曰：「主上年幼，必有佞臣在側！吾正欲建功，何故取回？我如不回，是欺主也。若奉命而退，後日再難得此機會也。」姜維問曰：「若大軍退，司馬懿乘勢掩殺，當復如何？」孔明曰：「吾今退軍，可分五路而退：今日先退此營。假如營內兵一千，却掘二千竈。今日掘三千竈，明日掘四千竈，每日退軍，添竈而行。」楊儀曰：「昔孫臏擒龐涓，用添兵減竈之法；今丞相退兵，何故增竈？」孔明曰：「司馬懿善能用兵，知吾退兵，必然追趕；心中疑吾有伏兵，定於舊營內數竈；見每日增竈，兵又不知退與不退，則疑而不敢追。吾徐徐而退，自無損兵之患。」

遂傳令退軍。

　　却說司馬懿料苟安行計停當，只待蜀兵退時，一齊掩殺。正躊躇間，忽報蜀寨空虛，人馬皆去。懿因孔明多謀，不敢輕追，自引百餘騎前來蜀營內踏看，教軍士數竈，仍回本寨；次日，又教軍士趕到那個營內，查點竈數。回報說：「這營內之竈，比前又增一分。」司馬懿謂諸將曰：「吾料孔明多謀，今果添兵增竈，吾若追之，必中其計；不如且退，再作良圖。」於是回軍不追。孔明不折一人，望成都而去。次後川口土人來報司馬懿，說孔明退兵之時，未見添兵，只見增竈。懿仰天長歎曰：「孔明效虞詡①之法，瞞過吾也！其謀略吾不如之！」遂引大軍回洛陽。正是：棋逢敵手難相勝，將過良才不敢驕。未知孔明回到成都，竟是如何。且看下文分解。

——————

①　虞詡——東漢時人。曾和羌人在陳倉作戰，他用「增

竈」的計策，打敗羌人。

第一百一回　出隴上諸葛妝神　奔劍閣張郃中計

　　却說孔明用減兵添竈之法，退兵到漢中；司馬懿恐有埋伏，不敢追趕，亦收兵回長安去了；因此蜀兵不曾折了一人。孔明大賞三軍已畢，回到成都，入見後主，奏曰：「老臣出了祁山，欲取長安，忽承陛下降詔召回，不知有何大事？」後主無言可對；良久，乃曰：「朕久不見丞相之面，心甚思慕，故特詔回，別無他事。」孔明曰：「此非陛下本心，必有奸臣讒譖，言臣有異志也。」後主聞言，默然無語。孔明曰：「老臣受先帝厚恩，誓以死報。今若內有奸邪，臣安能討賊乎？」後主曰：「朕因過聽①宦官之言，一時召回丞相。今日茅塞方開，悔之不及矣。」孔明遂喚衆宦官究問，方知是苟安流言；急令人捕之，已投魏國去了。孔明將妄奏的宦官誅戮，餘皆廢出宮外；又深責蔣琬、費禕等不能覺察奸邪，規諫天子。二人唯唯服罪。孔明拜辭後主，復到漢中，一面發檄令李嚴應付糧草，仍運赴軍前；一面再議出師。楊儀曰：「前數興兵，軍力罷敝，糧又不繼；今不如分兵兩班，以三個月為期：且如二十萬之兵，只領十萬出祁山，住了三個月，却教這十萬替回，循環相轉：若此則兵力不乏，然後徐徐而進，中原可圖矣。」孔明曰：「此言正合我意。吾伐中原，非一朝一夕之事，正當為此長久之計。」遂下令，分兵兩班，限一百日為期，循環相轉，違限者按軍法處治。

建興九年春二月，孔明復出師伐魏：時魏太和五年也。魏主曹叡知孔明又伐中原，急召司馬懿商議。懿曰：「今子丹已亡，臣願竭一人之力，剿除寇賊，以報陛下。」叡大喜，設宴待之。次日，人報蜀兵寇急。叡即命司馬懿出師禦敵，親排鑾駕送出城外。懿辭了魏主，逕到長安，大會諸路人馬，計議破蜀兵之策。張郃曰：「吾願引一軍去守雍、郿，以拒蜀兵。」懿曰：「吾前軍不能獨當孔明之衆，而又分兵為前後，非勝算也。不如留兵守上邽，餘衆悉往祁山。公肯為先鋒否？」郃大喜曰：「吾素懷忠義，欲盡心報國，惜未遇知己；今都督肯委重任，雖萬死不辭。」於是司馬懿令張郃為先鋒，總督大軍；又令郭淮守隴西諸郡。其餘衆將各分道而進。前軍哨馬報說：「孔明率大軍望祁山進發，前部先鋒王平、張嶷，逕出陳倉，過劍閣，由散關望斜谷而來。」司馬懿謂張郃曰：「今孔明長驅大進，必將割隴西小麥，以資軍糧。汝可結營守祁山，吾與郭淮巡略天水諸郡，以防賊兵割麥。」部領諾，遂引四萬兵守祁山。懿引大軍望隴西而去。

　　却說孔明兵至祁山，安營已畢，見渭濱有魏軍隄備，乃謂諸將曰：「此必是司馬懿也。卽今營中乏糧，屢遣人催併李嚴運米應付，却只是不到。吾料隴上麥熟，可密引兵割之。」於是留王平、張嶷、吳班、吳懿四將守祁山營，孔明自引姜維、魏延等諸將，前到鹵城。鹵城太守素知孔明，慌忙開城出降。孔明撫慰畢，問曰：「此時何處麥熟？」太守告曰：「隴上麥已熟。」孔明乃留張翼、馬忠守鹵城，自引諸將并三軍望隴上而來。前軍回報說：「司馬懿引兵在此。」孔明驚曰：「此人預知吾來割麥也！」卽沐浴更衣，推過一般三輛四輪車來，車上皆要一樣妝飾——此車乃孔明在蜀中預先造下的。當下令姜維引一千軍護車，五百軍擂鼓，伏在上邽之後；馬岱在左，魏延在右，亦各引一千軍護車，五百軍擂鼓。每一輛車，用二十四人，皂衣跣足，披髮仗劍，手執七星皂旛，在左右推車。三人各受計，引兵推車而去。孔明又令三萬軍各執鐮刀、馱繩，伺候割麥。却選二十四個精壯之士，各穿皂衣，披髮跣足，仗劍簇擁四輪車，為推車使者。令關興結束做天蓬②模樣，手執七星皂旛，步行於車前。孔明端坐於上，望魏營而來。

哨探軍見之大驚，不知是人是鬼，火速報知司馬懿。懿自出營視之：只見孔明簪冠鶴氅，手搖羽扇，端坐於四輪車上；左右二十四人，披髮仗劍；前面一人，手執皂旛，隱隱似天神一般。懿曰：「這個又是孔明作怪也！」遂撥二千人馬分付曰：「汝等疾去，連車帶人，盡情都捉來！」魏兵領命，一齊追趕。孔明見魏兵趕來，便教回車，遙望蜀營緩緩而行。魏兵皆驟馬追趕，但見陰風習習，冷霧漫漫。儘力趕了一程，追之不上。各人大驚，都勒住馬言曰：「奇怪！我等急急趕了三十里，只見在前，追之不上。如之奈何？」孔明見兵不來，又令推車過來，朝着魏兵歇下。魏兵猶豫良久，又放馬趕來。孔明復回車慢慢而行。魏兵又趕了二十里，只見在前，不曾趕上，盡皆癡呆。孔明教回過車，朝着魏軍，推車倒行。魏兵又欲追趕。後面司馬懿自引一軍到。傳令曰：「孔明善會八門遁甲，能驅六丁六甲之神。此乃六甲天書內『縮地③』之法也：衆軍不可追之。」衆軍方勒馬回時，左勢下戰鼓大震，一彪軍殺來。懿急令兵拒之：只見蜀兵隊裏二十四人，披髮仗劍，皂衣跣足，擁出一輛四輪車；車上端坐孔明，簪冠鶴氅，手搖羽扇。懿大驚曰：「方纔那個車上坐着孔明，趕了五十里，追之不上，這裏如何又有孔明？怪哉！怪哉！」言未畢，右勢下戰鼓又鳴，一彪軍殺來：四輪車上亦坐着一個孔明；左右亦有二十四人，皂衣跣足，披髮仗劍，擁車而來。懿心中大疑，回顧諸將曰：「此必神兵也！」衆軍心下大亂，不敢交戰，各自奔走。

正行之際，忽然鼓聲大震，又一彪軍殺來：當先一輛四輪車，孔明端坐於上，左右前後推車使者，同前一般。魏兵無不駭然。司馬懿不知是人是鬼，又不知多少蜀兵，十分驚懼，急急引兵奔入上邽，閉門不出。此時孔明早令三萬精兵將隴上小麥割盡，運赴鹵城打曬去了。司馬懿在上邽城中，三日不敢出城；後見蜀兵退去，方敢令軍出哨。於路捉得一蜀兵，來見司馬懿。懿問之。其人告曰：「某乃割麥之人，因走失馬匹，被捉前來。」懿曰：「前者是何神兵？」答曰：「三路伏兵，皆不是孔明：乃姜維、馬岱、魏延也——每一路只有一千軍護車，五百軍擂鼓——只是先來誘陣的車上乃孔明也。」懿仰天長歎曰：「孔明有神出鬼沒之機！」忽報副都督郭淮入見。懿接入，禮畢。淮曰：「吾聞蜀兵不多，見在鹵城打麥，可以擊之。」懿細言前事。淮笑曰：「只瞞過一時；今已識破，何足道哉！吾引一軍攻其後，公引一軍攻其前，鹵城可破，孔明可擒矣。」懿從之，遂分兵兩路而來。

卻說孔明引軍在鹵城打曬小麥，忽喚諸將聽令曰：「今夜敵人必來攻城。吾料鹵城東西麥田之內，足可伏兵；誰敢為我一往？」姜維、魏延、馬忠、馬岱四將出曰：「某等願往。」孔明大喜，乃命姜維、魏延各引二千兵，伏東南、西北兩處；馬岱、馬忠各引二千兵，伏在西南、東北兩處：「只聽礮響，四角一齊殺來。」四將受計，引兵去了。孔明自引百餘人，各帶火礮出城，伏在麥田之內等候。

卻說司馬懿引兵逕到鹵城下，日已昏黑，乃謂諸將曰：「若白日進兵，城中必有準備；今可乘夜晚攻之。此處城低壕淺，可便打破。」遂屯兵城外。一更時分，郭淮亦引兵到。兩下合兵，一聲鼓響，把鹵城圍得鐵桶相似。城上萬弩齊發，矢石如雨，魏兵不敢前進。忽然魏軍中信礮連聲，三軍大驚，又不知何處兵來。淮令人去麥田搜時，四角上火光沖天，喊聲大震，四路蜀兵，一齊殺至；鹵城四門大開，城內兵殺出；裹應外合，大殺了一陣，魏兵死者無數。司馬懿引敗兵奮死突出重圍，占住了山頭；郭淮亦引敗兵奔到山後紮住。孔明入城，令四將於四角下安營。郭淮告司馬懿曰：「今與蜀兵相持許久，無策可退；目下又被殺了一陣，折傷三千餘人；若不早圖，日後難退矣。」懿曰：「當復如何？」淮曰：「可發檄文調雍、涼人馬併力剿殺。吾願引軍襲劍閣，截其歸路，使彼糧草不通，三軍慌亂：那時乘勢擊之，敵可滅矣。」懿從之，卽發檄文星夜往雍、涼調撥人馬。不一日，大將孫禮引雍、涼諸郡人馬到。懿卽令孫禮約會郭淮去襲劍閣。

　　却說孔明在鹵城相拒日久，不見魏兵出戰，乃喚姜維、馬岱入城聽令曰：「今魏兵守住山險，不與我戰：一者料吾麥盡無糧；二者令兵去襲劍閣，斷吾糧道也。汝二人各引一萬軍先去守住險要，魏兵見有準備，自然退去。」二人引兵去了。長史楊儀入帳告曰：「向者丞相令大兵一百日一換，今已限足，漢中兵已出川口，前路公文已到，只待會兵交換：現存八萬軍，內四萬該與換班。」孔明曰：「既有令，便教速行。」衆軍聞知，各各收拾起程。忽報孫禮引雍、涼人馬二十萬來助戰，去襲劍閣，司馬懿自引兵來攻鹵城了。蜀兵無不驚駭。楊儀入告孔明曰：「魏兵來得甚急，丞相可將換班軍且留下退敵，待新來兵到，然後換之。」孔明曰：「不可：吾用兵命將，以信為本。既有令在先，豈可失信？且蜀兵應去者，皆準備歸計，其父母妻子倚扉而望；吾今便有大難，決不留他。」即傳令教應去之兵，當日便行。衆軍聞之，皆大呼曰：「丞相如此施恩於衆，我等願且不回，各捨一命，大殺魏兵，以報丞相！」孔明曰：「爾等該還家，豈可復留於此？」衆軍皆要出戰，不願回家。孔明曰：「汝等既要與我出戰，可出城安營，待魏兵到，莫待他息喘，便急攻之：此以逸待勞之法也。」衆兵領命，各執兵器，懽喜出城，列陣而待。

却說西涼人馬倍道而來，走的人馬困乏；方欲下營歇息，被蜀兵一擁而進，人人奮勇，將銳兵驍，雍、涼兵抵敵不住，望後便退。蜀兵奮力追殺：殺得那雍、涼兵屍橫遍野，血流成渠。孔明出城，收聚得勝之兵，入城賞勞，忽報永安李嚴有書告急。孔明大驚，拆封視之。書云：

近聞東吳令人入洛陽，與魏連和。魏令吳取蜀，幸吳尚未起兵。今嚴探知消息，伏望丞相，早作良圖。

孔明覽畢，甚是驚疑，乃聚衆將曰：「若東吳興兵寇蜀，吾須索④速回也。」卽傳令，教祁山大寨人馬，且退回西川：「司馬懿知吾屯軍在此，必不敢追趕。」於是王平、張嶷、吳班、吳懿，分兵兩路，徐徐退入西川去了。

張郃見蜀兵退去，恐有計策，不敢來追，乃引兵往見司馬懿曰：「今蜀兵退去，不知何意？」懿曰：「孔明詭計極多，不可輕動。不如堅守，待他糧盡，自然退去。」大將魏平出曰：「蜀兵拔祁山之營而退，正可乘勢追之。都督按兵不動，畏蜀如虎，奈天下笑何？」懿堅執不從。

却說孔明知祁山兵已回，遂令楊儀、馬忠入帳，授以密計，令先引一萬弓弩手，去劍閣木門道，兩下埋伏；若魏兵追到，聽吾礮響，急滾下木石，先截其去路，兩頭一齊射之。二人引兵去了。又喚魏延、關興引兵斷後，城上四面遍插旌旗，城內亂堆柴草，虛放煙火。大兵盡望木門道而去。

魏營巡哨軍來報司馬懿曰：「蜀兵大隊已退，但不知城中還有多少兵。」懿自往視之，見城上插旗，城中煙起，笑曰：「此乃空城也。」令人探之，果是空城。懿大喜曰：「孔明已退，誰敢追之？」先鋒張郃曰：「吾願往。」懿阻曰：「公性急躁，不可去。」郃曰：「都督出關之時，命吾為先鋒；今日正是立功之際，却不用吾，何也？」懿曰：「蜀兵退去，險阻處必有埋伏，須十分仔細，方可追之。」郃曰：「吾已知得，不必挂慮。」懿曰：「公自欲去，莫要追悔。」郃曰：「大丈夫捨身報國，雖萬死無恨。」懿曰：「公既堅執要去，可引五千兵先行；却教魏平引二萬馬步兵後行，以防埋伏。吾却自引三千兵隨後接應。」張郃領命，引兵火速望前追趕。行到三十餘里，忽然背後一聲喊起，樹林內閃出一彪軍，為首大將，橫刀勒馬大叫曰：「賊將引兵那裏去！」郃回頭視之：乃魏延也。郃大怒，回馬交鋒。不十合，延詐敗而走。郃又追趕三十餘里，勒馬回顧，全無伏兵，又策馬前追。方轉過山坡，忽喊聲大起，一彪軍閃出：為首大將，乃關興也，橫刀勒馬大叫曰：「張郃休趕！有吾在此！」郃就拍馬交鋒。不十合，興撥馬便走。郃隨後追之。趕到一密林內，郃心疑，令人四下哨探，並無伏兵；於是放心又趕。不想魏延卻抄在前面；郃又與戰十餘合。延又敗走。郃奮怒追來，又被關興抄在前面，截住去路。郃大怒，拍馬交鋒。戰有十合，蜀兵盡棄衣甲什物等件，塞滿道路。魏兵皆下馬爭取。延、興二將，輪流交戰。張郃奮勇追趕。看看天晚，趕到木門道口，魏延撥回馬，高聲大罵曰：「張郃逆賊！吾不與汝相拒！汝只顧趕來！吾今與汝決一死戰！」郃十分忿怒，挺鎗驟馬，直取魏延。延揮刀來迎，戰不十合，延大敗，盡棄衣甲、頭盔、匹馬，引敗兵望木門道中而走。張郃殺的性起，又見魏延大敗而逃，乃驟馬趕來。此時天色昏黑，一聲礮響，山上火光沖天，大石亂柴滾將下來，阻截去路。郃大驚曰：「我中計矣！」急回馬時，背後已被木石塞滿了歸路，中間只有一段空地，兩邊皆是峭壁，郃進退無路。忽一聲梆子響，兩下萬弩齊發，將張郃并百餘個部將皆射死於木門道中。後人有詩曰：

伏弩齊飛萬點星，木門道上射雄兵。至今劍閣行人過，猶說軍師舊日名。

卻說張郃已死，隨後魏兵追到，見塞了道路，已知張郃中計。衆軍勒回馬急退。忽聽的山頭上大叫曰：「諸葛丞相在此！」衆軍仰視，只見孔明立於火光之中，指衆軍而言曰：「吾今日圍獵，欲射一『馬』，誤中一『獐』。汝各人安心而去；上覆仲達，早晚必為吾所擒矣。」魏兵回見司馬懿，細告前事。懿悲傷不已，仰天歎曰：「張雋義身死，吾之過也！」乃收兵回洛陽。魏主聞張郃死，揮淚歎息，令人收其屍，厚葬之。

却說孔明入漢中，欲歸成都見後主。都護李嚴妄奏後主曰：「臣已備辦軍糧，行將運赴丞相軍前，不知丞相何故忽然班師。」後主聞奏，即命尚書費禕入漢中見孔明，問班師之故。禕至漢中，宣後主之意。孔明大驚曰：「李嚴發書告急，說東吳將興兵寇川，因此回師。」費禕曰：「李嚴奏稱軍糧已辦，丞相無故回師，天子因此命某來問耳。」孔明大怒，令人訪察：乃是李嚴因軍糧不濟，怕丞相見罪，故發書取回，却又妄奏天子，遮飾己過。孔明大怒曰：「匹夫為一己之故，廢國家大事！」令人召至，欲斬之。費禕勸曰：「丞相念先帝託孤之意，姑且寬恕。」孔明從之。費禕即具表啟奏後主。後主覽表，勃然大怒，叱武士推李嚴出斬之。參軍蔣琬出班奏曰：「李嚴乃先帝託孤之臣，乞望恩寬恕。」後主從之，即謫為庶人，徙於梓潼郡閒往。

孔明回到成都，用李嚴子李豐為長史；積草屯糧，講陣論武，整治軍器，存恤⑤將士：三年然後出征。兩川人民軍士，皆仰其恩德。光陰荏苒，不覺三年：時建興十二年春二月。孔明入朝奏曰：「臣今存恤軍士，已經三年。糧草豐足，軍器完備，人馬雄壯：可以伐魏。今番若不掃清奸黨、恢復中原，誓不見陛下也！」後主曰：「方今已成鼎足之勢，吳、魏不曾入寇，相父何不安享太平？」孔明曰：「臣受先帝知遇之恩，夢寐之間，未嘗不設伐魏之策。竭力盡忠，為陛下克復中原，重興漢室：臣之願也。」言未畢，班部中一人出曰：「丞相不可興兵。」衆視之：乃譙周也。正是：武侯盡瘁惟憂國，太史知機又論天。未知譙周有何議論，且看下文分解。

——————

① 過聽——誤聽。

② 天蓬——指天蓬元帥，古代神話中的天神。

③ 縮地——古代神話：費長房，東漢人，有仙術。一天之內，能和千里以外幾個地方的人見面。大家都說他有縮地術。

④ 須索——一定、必須的意思。

⑤ 存恤——慰問、撫恤。

第一百二回　司馬懿占北原渭橋　諸葛亮造木牛流馬

卻說譙周官居太史，頗明天文；見孔明又欲出師，乃奏後主曰：「臣今職掌司天臺，但有禍福，不可不奏：近有羣鳥數萬，自南飛來，投於漢水而死，此不祥之兆。臣又觀天象，見奎星躔於太白之分，盛氣在北，不利伐魏。又成都人民，皆聞柏樹夜哭：有此數般災異，丞相只宜謹守，不可妄動。」孔明曰：「吾受先帝託孤之重，當竭力討賊，豈可以虛妄之災氛，而廢國家大事耶？」遂命有司設太牢祭於昭烈之廟，涕泣拜告曰：「臣亮五出祁山，未得寸土，負罪非輕！今臣復統全師，再出祁山，誓竭力盡心，剿滅漢賊，恢復中原，鞠躬盡瘁，死而後已！」祭畢，拜辭後主，星夜至漢中，聚集諸將商議出師。忽報關興病亡。孔明放聲大哭，昏倒於地，半晌方甦。衆將再三勸解，孔明歎曰：「可憐忠義之人，天不與以壽！我今番出師，又少一員大將也！」後人有詩歎曰：

　　生死人常理，蜉蝣一樣空。但存忠孝節，何必壽喬松。

孔明引蜀兵三十四萬，分五路而進，令姜維、魏延為先鋒，皆出祁山取齊；令李恢先運糧草於斜谷道口伺候。

却說魏國因舊歲有青龍自摩坡井內而出，改為青龍元年。此時乃青龍二年春二月也。近臣奏曰：「邊官飛報蜀兵三十餘萬，分五路復出祁山。」魏主曹叡大驚，急召司馬懿至，謂曰：「蜀人三年未曾入寇，今諸葛亮又出祁山，如之奈何？」懿奏曰：「臣夜觀天象，見中原旺氣正盛，奎星犯太白，不利於西川。今孔明自負才智，逆天而行，乃自取敗亡也。臣託陛下洪福，當往破之——但願保四人同去。」叡曰：「卿保何人？」懿曰：「夏侯淵有四子：長名霸，字仲權；次名威，字季權；三名惠，字雅權；四名和，字義權。霸、威二人，弓馬熟嫺；惠、和二人，諳知韜略：此四人常欲為父報讎。臣今保夏侯霸、夏侯威為左右先鋒，夏侯惠、夏侯和為行軍司馬，共贊軍機，以退蜀兵。」叡曰：「向者夏侯楙駙馬違誤軍機，失陷了許多人馬，至今羞慚不回。今此四人，亦與楙同否？」懿曰：「此四人非楙之比也。」叡乃從其請，即命司馬懿為大都督，凡將士悉聽量才委用，各處兵馬皆聽調遣。懿受命，辭朝出城。叡又以手詔賜懿曰：

卿到渭濱，宜堅壁固守，勿與交鋒。蜀兵不得志，必詐退誘敵，卿慎勿追。待彼糧盡，必將自走，然後乘虛攻之，則取勝不難，亦免軍馬疲勞之苦：計莫善於此也。

司馬懿頓首受詔，即日到長安，聚集各處軍馬共四十萬，皆來渭濱下寨；又撥五萬軍，於渭水上搭起九座浮橋，令先鋒夏侯霸、夏侯威過渭水安營；又於大營之後東原築起一城，以防不虞。懿正與衆將商議間，忽報郭淮、孫禮來見。懿引入，禮畢。淮曰：「今蜀兵現在祁山，倘跨渭登原，接連北山，阻絕隴道，大可虞也。」懿曰：「所言甚善。公可就總督隴西軍馬，據北原下寨，深溝高壘，按兵休動；只待彼兵糧盡，方可攻之。」郭淮、孫禮領命，引兵下寨去了。

却說孔明復出祁山，下五個大寨，按左右中前後；自斜谷直至劍閣，一連又下十四個大寨，分屯軍馬，以為久計。每日令人巡哨。忽報郭淮、孫禮領隴西之兵，於北原下寨。孔明謂諸將曰：「魏兵於北原安營者，懼吾取此路，阻絕隴道也。吾今虛攻北原，却暗取渭濱。令人紮木筏百餘隻，上載草把，選慣熟水手五千人駕之。我夤夜只攻北原，司馬懿必引兵來救。彼若少敗，我把後軍先渡過岸去，然後把前軍下於筏中，休要上岸，順水取浮橋放火燒斷，以攻其後。吾自引一軍去取前營之門。若得渭水之南，則進兵不難矣。」諸將遵令而行。早有巡哨軍飛報司馬懿。懿喚諸將議曰：「孔明如此設施，其中有計。彼以取北原為名，順水來燒浮橋，亂吾後，却攻吾前也。」卽傳令與夏侯霸、夏侯威曰：「若聽得北原發喊，便提兵於渭水南山之中，待蜀兵至擊之。」又令張虎、樂綝，引二千弓弩手伏於渭水浮橋北岸：「若蜀兵乘木筏順水而來，可一齊射之，休令近橋。」又傳令郭淮、孫禮曰：「孔明來北原暗渡渭水，汝新立之營，人馬不多，可盡伏於半路。若蜀兵於午後渡水，黃昏時分，必來攻汝。汝詐敗而走，蜀兵必追。汝等皆以弓弩射之。吾水陸並進。若蜀兵大至，只看吾指揮而擊之。」各處下令已畢，又令二子司馬師、司馬昭，引兵救應前營。懿自引一軍救北原。

却說孔明令魏延、馬岱引兵渡渭水攻北原；令吳班、吳懿引木筏兵去燒浮橋；令王平、張嶷為前隊，姜維、馬忠為中隊，廖化、張翼為後隊：分兵三路，去攻渭水旱營。是日午時，人馬離大寨，盡渡渭水，列成陣勢，緩緩而行。却說魏延、馬岱將近北原，天色已昏。孫禮哨見，便棄營而走。魏延知有準備，急退軍時，四下喊聲大震：左有司馬懿，右有郭淮，兩路兵殺來。魏延、馬岱奮力殺出，蜀兵多半落於水中，餘衆奔逃無路。幸得吳懿兵殺來，救了敗兵過岸拒住。吳班分一半兵撐筏順水來燒浮橋，却被張虎、樂綝在岸上亂箭射住。吳班中箭，落水而死。餘軍跳水逃命。木筏盡被魏兵奪去。此時王平、張嶷，不知北原兵敗，直奔到魏營，已有二更天氣，只聽得喊聲四起。王平謂張嶷曰：「馬軍攻打北原，未知勝負。渭南之寨，現在面前，如何不見一個魏兵？莫非司馬懿知道了，先作準備也？我等且看浮橋火起，方可進兵。」二人勒住軍馬，忽背後一騎馬來報，說：「丞相教軍馬急回。北原兵、浮橋兵，俱失了。」王平、張嶷大驚，急退軍時，却被魏兵抄在背後，一聲礮響，一齊殺來，火光沖天。王平、張嶷引兵相迎，兩軍混戰一場。平、嶷二人奮力殺出，蜀兵折傷大半。孔明回到祁山大寨，收聚敗兵，約折了萬餘人，心中憂悶。

忽報費禕自成都來見丞相。孔明請入。費禕禮畢，孔明曰：「吾有一書，正欲煩公去東吳投遞，不知肯去否？」禕曰：「丞相之命，豈敢推辭？」孔明即修書付費禕去了。禕持書逕到建業，入見吳主孫權，呈上孔明之書。權拆視之，書略曰：

漢室不幸，王綱失紀，曹賊篡逆，蔓延及今。亮受昭烈皇帝寄託之重，敢不竭力盡忠：今大兵已會於祁山，狂寇將亡於渭水。伏望陛下念同盟之義，命將北征，共取中原，同分天下。書不盡言，萬希聖聽！

權覽畢，大喜，乃謂費禕曰：「朕久欲興兵，未得會合孔明。今既有書到，即日朕自親征，入居巢門，取魏新城；再令陸遜、諸葛瑾等屯兵於江夏、沔口取襄陽；孫韶、張承等出兵廣陵取淮陰等處：三路一齊進軍，共三十萬，剋日興師。」費禕拜謝曰：「誠如此，則中原不日自破矣！」權設宴款待費禕。飲宴間，權問曰：「丞相軍前，用誰當先破敵？」禕曰：「魏延為首。」權笑曰：「此人勇有餘，而心不正。若一朝無孔明，彼必為禍——孔明豈未知耶？」禕曰：「陛下之言極當！臣今歸去，即當以此言告孔明。」

遂拜辭孫權，回到祁山，見了孔明，具言吳主起大兵三十萬，御駕親征，兵分三路而進。孔明又問曰：「吳主別有所言否？」費禕將論魏延之語告之。孔明歎曰：「真聰明之主也！吾非不知此人：為惜其勇，故用之耳。」禕曰：「丞相早宜區處。」孔明曰：「吾自有法。」禕辭別孔明，自回成都。

孔明正與諸將商議征進，忽報有魏將來投降。孔明喚入問之，答曰：「某乃魏國偏將軍鄭文也。近與秦朗同領人馬，聽司馬懿調用。不料司馬懿徇私偏向，加秦朗為前將軍，而視文如草芥：因此不平，特來投降丞相。願賜收錄。」言未已，人報秦朗引兵在寨外，單搦鄭文交戰。孔明曰：「此人武藝比汝若何？」鄭文曰：「某當立斬之。」孔明曰：「汝若先殺秦朗，吾方不疑。」鄭文欣然上馬出營，與秦朗交鋒。孔明親自出營視之。只見秦朗挺鎗大罵曰：「反賊盜我戰馬來此，可早早還我！」言訖，直取鄭文。文拍馬舞刀相迎，只一合，斬秦朗於馬下。魏兵各自逃走。鄭文提首級入營。孔明回到帳中坐定，喚鄭文至，勃然大怒，叱左右：「推出斬之！」鄭文曰：「小將無罪！」孔明曰：「吾向識秦朗：汝今斬者，並非秦朗——

安敢欺我！」文拜告曰：「此實秦朗之弟秦明也。」孔明笑曰：「司馬懿令汝來詐降，於中取事，却如何瞞得我過！若不實說，必然斬汝！」鄭文只得訴告其實是詐降，泣求免死。孔明曰：「汝既求生，可修書一封，教司馬懿自來劫營，吾便饒汝性命。若捉住司馬懿，便是汝之功，還當重用。」鄭文只得寫了一書，呈與孔明。孔明令將鄭文監下。樊建問曰：「丞相何以知此人詐降？」孔明曰：「司馬懿不輕用人：若加秦朗為前將軍，必武藝高強；今與鄭文交馬只一合，便為文所殺，必不是秦朗也：以故知其詐。」衆皆拜服。

孔明選一舌辯軍士，附耳分付如此如此。軍士領命，持書逕來魏寨，求見司馬懿。懿喚入拆書看畢，問曰：「汝何人也？」答曰：「某乃中原人，流落蜀中：鄭文與某同鄉。今孔明因鄭文有功，用為先鋒。鄭文特託某來獻書，約於明日晚間，舉火為號。望乞都督親提大軍前來劫寨。鄭文在內為應。」司馬懿反覆詰問，又將來書仔細檢看，果然是實；即賜軍士酒食，分付曰：「本日二更為期，我自來劫寨。大事若成，必重用汝。」軍士拜別，回到本寨告知孔明。孔明仗劍步罡，禱祝已畢，喚王平、張嶷分付如此如此；又喚馬忠、馬岱分付如此如此；又喚魏延分付如此如此。孔明自引數十人，坐於高山之上，指揮衆軍。

卻說司馬懿見了鄭文之書，便欲引二子提大兵來劫蜀寨。長子司馬師諫曰：「父親何故據片紙而親入重地？倘有疎虞，如之奈何？不如令別將先去，父親為後應，可也。」懿從之，遂令秦朗引一萬兵，去劫蜀寨。懿自引兵接應。是夜初更，風清月朗。將及二更時分，忽然陰雲四合，黑氣漫空，對面不見。懿大喜曰：「天使我成功也！」於是人盡啣枚，馬皆勒口，長驅大進。秦朗當先，引一萬兵直殺入蜀寨中，並不見一人。朗知中計，忙叫退兵。四下火把齊明，喊聲震地：左有王平、張嶷，右有馬岱、馬忠，兩路兵殺來。秦朗死戰，不能得出。背後司馬懿見蜀寨火光沖天，喊聲不絕，又不知魏兵勝負，只顧催兵接應，望火光中殺來。忽然一聲喊起，鼓角喧天，火礮震地：左有魏延，右有姜維，兩路殺出。魏兵大敗，十傷八九，四散逃奔。此時秦朗所引一萬兵，都被蜀兵圍住，箭如飛蝗。秦朗死於亂軍之中。司馬懿引敗兵奔入本寨。

三更以後，天復清朗。孔明在山頭上鳴金收軍。原來三更時陰雲暗黑，乃孔明用遁甲之法；後收兵已了，天復清朗，乃孔明驅六丁六甲掃蕩浮雲也。

當下孔明得勝回寨，命將鄭文斬了，再議取渭南之策。每日令兵搦戰，魏軍只不出迎。孔明自乘小車，來祁山前、渭水東西，踏看地理。忽到一谷口，見其形如葫蘆之狀，內中可容千餘人；兩山又合一谷，可容四五百人；背後兩山環抱，只可通一人一騎。孔明看了，心中大喜，問鄉導官曰：「此處是何地名？」答曰：「此名上方谷，又名葫蘆谷。」孔明回到帳中，喚裨將杜叡、胡忠二人，附耳授以密計。令喚集隨軍匠作一千餘人，入葫蘆谷中，製造「木牛」「流馬」應用；又令馬岱領五百兵守住谷口。孔明囑馬岱曰：「匠作人等，不許放出；外人不許放入。吾還不時自來點視。捉司馬懿之計，只在此舉。切不可走漏消息。」馬岱受命而去。杜叡等二人在谷中監督匠作，依法製造。孔明每日往來指示。

忽一日，長史楊儀入告曰：「即今糧米皆在劍閣，人夫牛馬，搬運不便，如之奈何？」孔明笑曰：「吾已運謀多時也：前者所積木料，并西川收買下的大木，教人製造『木牛』『流馬』，搬運糧米，甚是便利。牛馬皆不水食，可以轉運，晝夜不絕。」衆皆驚曰：「自古及今，未聞有『木牛』『流馬』之事。不知丞相有何妙法，造此奇物？」孔明曰：「吾已令人依法製造，尚未完備。吾今先將造木牛流馬之法，尺寸方員，長短闊狹，開寫明白，汝等視之。」衆大喜。孔明卽手書一紙，付衆觀看。衆將環遶而視。其造木牛之法云：

方腹曲脛，一腹四足；頭入領中，舌着於腹。載多而行少：獨行者數十里，羣行者三十里。曲者為牛頭，雙者為牛足，橫者為牛領，轉者為牛腳，覆者為牛背，方者為牛腹，垂者為牛舌，曲者為牛肋，刻者為牛齒，立者為牛角。細者為牛鞅，攝者為牛鞦（革由）。牛御雙轅：人行六尺，牛行四步。人不大勞，牛不飲食。

造流馬之法云：

肋長三尺五寸，廣三寸，厚二寸二分：左右同。

前軸孔分墨去頭四寸，徑中二寸。前脚孔分墨去頭四寸五分，長一寸五分，廣一寸。前杠孔去前脚孔分墨二寸七分，孔長二寸，廣一寸。後軸孔去前杠孔分墨一尺五寸：大小與前同。後杠孔去後脚孔分墨二寸二分。後杠孔分墨四寸五分。前杠長一尺八寸，廣二寸，厚一寸五分。後杠與等。板方囊二枚，厚八分，長二尺七寸，高一尺六寸五分，廣一尺六寸：每枚受米二斛三斗。從上杠孔去肋下七寸：前後同。上杠孔去下杠孔分墨一尺三寸，孔長一寸五分，廣七分：八孔同。前後四脚廣二寸，厚一寸五分。形制如象，軒長四寸。徑面四寸三分。孔徑中三脚杠長二尺一寸，廣一寸五分，厚一寸四分。

衆將看了一遍，皆拜伏曰：「丞相眞神人也！」過了數日，木牛流馬皆造完備，宛然如活者一般；上山下嶺，各盡其便。衆軍見之，無不欣喜。孔明令右將軍高翔，引一千兵駕着木牛流馬，自劍閣直抵祁山大寨，往來搬運糧草，供給蜀兵之用。後人有詩讚曰：

　　劍閣險峻驅流馬，斜谷崎嶇駕木牛。後世若能行此法，輸將安得使人愁？

　　却說司馬懿正憂悶間，忽哨馬報說：「蜀兵用木牛流馬轉運糧草。人不大勞，牛馬不食。」懿大驚曰：「吾所以堅守不出者，為彼糧草不能接濟，欲待其自斃耳。今用此法，必為久遠之計，不思退矣——如之奈何？」急喚張虎、樂綝二人分付曰：「汝二人各引五百軍，從斜谷小路抄出；待蜀兵驅過木牛流馬，任他過盡，一齊殺出；不可多搶，只搶三五匹便回。」二人依令，各引五百軍，扮作蜀兵，夜間偷過小路，伏在谷中，果見高翔引兵驅木牛流馬而來。將次過盡，兩邊一齊鼓譟殺出。蜀兵措手不及，棄下數匹。張虎、樂綝歡喜驅回本寨。司馬懿看了，果然進退如活的一般，乃大喜曰：「汝會用此法，難道我不會用！」便令巧匠百餘人，當面拆開，分付依其尺寸長短厚薄之法，一樣製造木牛流馬。不消半月，造成二千餘隻，與孔明所造者一般法則，亦能奔走。遂令鎮遠將軍岑威，引一千軍驅駕木牛流馬，去隴西搬運糧草，往來不絕。魏營軍將，無不歡喜。

　　却說高翔回見孔明，說魏兵搶奪木牛流馬各五六匹去了。孔明笑曰：「吾正要他搶去：我只費了幾匹木牛流馬，却不久便得軍中許多資助也。」諸將問曰：「丞相何以知之？」孔明曰：「司馬懿見了木牛流馬，必然倣我法度，一樣製造。那時我又有計策。」數日後，人報魏軍也會造木牛流馬，往隴西搬運糧草。孔明大喜曰：「不出吾之算也。」便喚王平分付曰：「汝引一千兵，扮作魏人，星夜偷過北原，只說是巡糧軍，混入彼運糧軍中，將護糧之人，盡皆殺散；却驅木牛流馬而回，逕奔過北原來：此處必有魏兵追趕，汝便將木牛流馬口內舌頭扭轉，牛馬就不能行動，汝等竟棄之而走。背後魏兵趕到，牽拽不動，扛擡不去。吾再有兵到，汝却回身再將牛馬舌扭過來，長驅大行，魏兵必疑為怪也。」

王平受計引兵而去。孔明又喚張嶷分付曰：「汝引五百軍，都扮作六丁六甲神兵，鬼頭獸身，用五彩塗面，妝作種種怪異之狀；一手執繡旗，一手仗寶劍；身挂葫蘆，內藏煙火之物，伏於山傍。待木牛流馬到時，放起煙火，一齊擁出，驅牛馬而行。魏兵見之，必疑是神鬼，不敢來追趕。」張嶷受計引兵而去。孔明又喚魏延、姜維分付曰：「汝二人同引一萬兵，去北原寨口接應木牛流馬，以防交戰。」又喚廖化、張翼分付曰：「汝二人引五千兵，去斷司馬懿來路。」又喚馬忠、馬岱分付曰：「汝二人引二千兵去渭南搦戰。」六人各各遵令而去。

且說魏將岑威引軍驅木牛流馬，裝載糧草，正行之間，忽報前面有兵巡糧。岑威令人哨探，果是魏兵，遂放心前進。兩軍合在一處。忽然喊聲大震，蜀兵就本隊裏殺起，大呼：「蜀中大將王平在此！」魏兵措手不及，被蜀兵殺死大半。岑威引敗兵抵敵，被王平一刀斬了。餘皆潰散。王平引兵盡驅木牛流馬而回。敗兵飛奔報入北原寨內。郭淮聞軍糧被劫，疾忙引軍來救。王平令兵扭轉木牛流馬舌頭，俱棄於道中，且戰且走。郭淮教且莫追，只驅回木牛流馬。衆軍一齊驅趕，却那裏驅得動？郭淮心中疑惑。正無奈何，忽鼓角喧天，喊聲四起，兩路兵殺來：乃魏延、姜維也。王平復引兵殺回。三路夾攻，郭淮大敗而走。王平令軍士將牛馬舌頭，重復扭轉，驅趕而行。郭淮望見，方欲回兵再追，只見山後煙雲突起，一隊神兵擁出，一個個手執旗劍－－怪異之狀，擁護木牛流馬，如風擁而去。郭淮大驚曰：「此必神助也！」衆軍見了，無不驚畏，不敢追趕。

却說司馬懿聞北原兵敗，急自引軍來救。方到半路，忽一聲礮響，兩路兵自險峻處殺出，喊聲震地。旗上大書：「漢將張翼廖化」。司馬懿見了大驚。魏軍着慌，各自逃竄。正是：路逢神將糧遭劫，身遇奇兵命又危。未知司馬懿怎地抵敵，且看下文分解。

第一百三回　上方谷司馬受困　五丈原諸葛禳星

　　却說司馬懿被張翼、廖化一陣殺敗，匹馬單鎗，望密林間而走。張翼收住後軍，廖化當先追趕。看看趕上，懿着慌，遶樹而轉。化一刀砍去，正砍在樹上；及拔出刀時，懿已走出林外。廖化隨後趕出，却不知去向，但見樹林之東，落下金盔一個。廖化取盔捎在馬上，一直望東追趕——原來司馬懿把金盔棄於林東，却反向西走去了。廖化追了一程，不見蹤跡，奔出谷口，遇見姜維。同回寨見孔明。張嶷早驅木牛流馬到寨。交割已畢，獲糧萬餘石。廖化獻上金盔，錄為頭功。魏延心中不悅，口出怨言——孔明只做不知。

　　且說司馬懿逃回寨中，心甚惱悶。忽使命齎詔至，言東吳三路入寇，朝廷正議命將抵敵，令懿等堅守勿戰。懿受命已畢，深溝高壘，堅守不出。

却說曹叡聞孫權分兵三路而來，亦起兵三路迎之：命劉劭引兵救江夏，田豫引兵救襄陽，叡自與滿寵率大軍救合淝。滿寵先引一軍至巢湖口，望見東岸戰船無數，旌旗整肅。寵入軍中奏魏主曰：「吳人必輕我遠來，未曾隄備；今夜可乘虛劫其水寨，必得全勝。」魏主曰：「汝言正合朕意。」卽令驍將張球領五千兵，各帶火具，從湖口攻之；滿寵引兵五千，從東岸攻之。是夜二更時分，張球、滿寵，各引軍悄悄望湖口進發；將近水寨，一齊吶喊殺入。吳兵慌亂，不戰而走；被魏軍四下舉火，燒毀戰船、糧草、器具不計其數。諸葛瑾率敗兵逃走沔口。魏兵大勝而回。次日，哨軍報知陸遜。遜集諸將議曰：「吾當作表申奏主上，請撤新城之圍，以兵斷魏軍歸路，吾率衆攻其前：彼首尾不敵，一鼓可破也。」衆服其言。陸遜卽具表，遣一小校密地齎往新城。小校領命，齎着表文，行至渡口，不期被魏軍伏路的捉住，解赴軍中見魏主曹叡。叡搜出陸遜表文，覽畢，歎曰：「東吳陸遜，眞妙算也！」遂命將吳卒監下，命劉劭謹防孫權後兵。

却說諸葛瑾大敗一陣，又值暑天，人馬多生疾病；乃修書一封，令人轉達陸遜，議欲撤兵還國。遜看書畢，謂來人曰：「拜上將軍：吾自有主意。」使者回報諸葛瑾。瑾問：「陸將軍作何舉動？」使者曰：「但見陸將軍催督衆人於營外種荳菽，自與諸將在轅門射戲。」瑾大驚，親自往陸遜營中，與遜相見；問曰：「今曹叡親來，兵勢甚盛，都督何以禦之？」遜曰：「吾前遣人奉表於主上，不料為敵人所獲。機謀既洩，彼必知備；與戰無益，不如且退。已差人奉表約主上緩緩退兵矣。」瑾曰：「都督既有此意，即宜速退，何又遲延？」遜曰：「吾軍欲退，當徐徐而動。今若便退，魏人必乘勢追趕：此取敗之道也。足下宜先督船隻詐為拒敵之意，吾悉以人馬向襄陽而進，為疑敵之計，然後徐徐退歸江東，魏兵自不敢近耳。」瑾依其計，辭遜歸本營，整頓船隻，預備起行。陸遜整肅部伍，張揚聲勢，望襄陽進發。早有細作報知魏主，說吳兵已動，須用隄防。魏將聞之，皆要出戰。魏主素知陸遜之才，諭衆將曰：「陸遜有謀，莫非用誘敵之計。不可輕進。」衆將乃止。數日後，哨卒報來：「東吳三路兵馬皆退矣。」魏主未信，再令人探之，回報果然盡退。魏主曰：「陸遜用兵，不亞孫、吳——東南未可平也。」因勅諸將，各守險要，自引大軍屯合淝，以伺其變。

　　却說孔明在祁山，欲為久駐之計，乃令蜀兵與魏民相雜種田：軍一分，民二分，並不侵犯，魏民皆安心樂業。司馬師入告其父曰：「蜀兵劫去我許多糧米，今又令蜀兵與我民相雜屯田於渭濱，以為久計：似此真為國家大患。父親何不與孔明約期大戰一場，以決雌雄？」懿曰：「吾奉旨堅守，不可輕動。」正議間，忽報魏延將着元帥前日所失金盔，前來罵戰。衆將忿怒，俱欲出戰。懿笑曰：「聖人云：『小不忍則亂大謀。』但堅守為上。」諸將依令不出。魏延辱罵良久方回。孔明見司馬懿不肯出戰，乃密令馬岱造成木柵，營中掘下深塹，多積乾柴引火之物；周圍山上，多用柴草虛搭窩鋪，內外皆伏地雷。置備停當，孔明附耳囑之曰：「可將葫蘆谷後路塞斷，暗伏兵於谷中。若司馬懿追到，任他入谷，便將地雷乾柴一齊放起火來。」又令軍士晝舉七星號帶於谷口，夜設七盞明燈於山上，以為暗號。馬岱受計引兵而去。孔明又喚魏延分付曰：「汝可引五百兵去魏寨討戰，務要誘司馬懿出戰。不可取勝，只可詐敗。懿必追趕，汝却望七星旗處而入；若是夜間，則望七盞燈處而走。只要引得司馬懿入葫蘆谷內，吾自有擒之之計。」魏延受計，引兵而去。孔明又喚高翔分付曰：「汝將木牛流馬或二三十為一羣，或四五十為一羣，各裝米糧，於山路往來行走。如魏兵搶去，便是汝之功。」高翔領計，驅駕木牛流馬去了。孔明將祁山兵一一調去，只推屯田；分付：「如別兵來戰，只許詐敗；若司馬懿自來，方併力只攻渭南，斷其歸路。」孔明分撥已畢，自引一軍近上方谷下營。

且說夏侯惠、夏侯和二人入寨告司馬懿曰：「今蜀兵四散結營，各處屯田，以為久計：若不趁此時除之，縱令安居日久，深根固蒂，難以搖動。」懿曰：「此必又是孔明之計。」二人曰：「都督若如此疑慮，寇敵何時得滅？我兄弟二人，當奮力決一死戰，以報國恩。」懿曰：「既如此，汝二人可分頭出戰。」遂令夏侯惠、夏侯和，各引五千兵去訖。懿坐待回音。

却說夏侯惠、夏侯和二人分兵兩路，正行之間，忽見蜀兵驅木牛流馬而來。二人一齊殺將過去，蜀兵大敗奔走，木牛流馬，盡被魏兵搶獲，解送司馬懿營中。次日又劫擄得人馬百餘，亦解赴大寨。懿將解到蜀兵，詰審虛實。蜀兵告曰：「孔明只料都督堅守不出，盡命我等四散屯田，以為久計——不想却被擒獲。」懿即將蜀兵盡皆放回。夏侯和曰：「何不殺之？」懿曰：「量此小卒，殺之無益。放歸本寨，令說魏將寬厚仁慈，釋彼戰心：此呂蒙取荊州之計也。」遂傳令今後凡有擒到蜀兵，俱當善遣之——仍重賞有功將吏。諸將皆聽令而去。

却說孔明令高翔佯作運糧，驅駕木牛流馬，往來於上方谷內；夏侯惠等，不時截殺：半月之間，連勝數陣。司馬懿見蜀兵屢敗，心中歡喜。一日，又擒到蜀兵數十人。懿喚至帳下問曰：「孔明今在何處？」衆告曰：「諸葛丞相不在祁山，在上方谷西十里下營安住。今每日運糧屯於上方谷。」懿備細問了，即將衆人放去；乃喚諸將分付曰：「孔明今不在祁山，在上方谷安營。汝等於明日，可一齊併力攻取祁山大寨。吾自引兵來接應。」衆將領命，各各準備出戰。司馬師曰：「父親何故反欲攻其後？」懿曰：「祁山乃蜀人之根本，若見我兵攻之，各營必盡來救；我却取上方谷燒其糧草，使彼首尾不接：必大敗也。」司馬師拜服。懿即發兵起行，令張虎、樂綝各引五千兵，在後救應。

且說孔明正在山上望見魏兵或三五千一行，或一二千一行，隊伍紛紛，前後顧盼，料必來取祁山大寨，乃密傳令衆將：「若司馬懿自來，汝等便往劫魏寨，奪了渭南。」衆將各各聽令。

却說魏兵皆奔祁山寨來，蜀兵四下一齊吶喊奔走，虛作救應之勢。司馬懿見蜀兵都去救祁山寨，便引二子并中軍護衛人馬，殺奔上方谷來。魏延在谷口，只盼司馬懿到來；忽見一枝魏兵殺到，延縱馬向前視之，正是司馬懿。延大喝曰：「司馬懿休走！」舞刀相迎。懿挺鎗接戰。不上三合，延撥回馬便走，懿隨後趕來。延只望七星旗處而走。懿見魏延只一人，軍馬又少，放心追之；令司馬師在左，司馬昭在右，懿自居中，一齊攻殺將來。魏延引五百兵皆退入谷中去。懿追到谷口，先令人入谷中哨探。回報谷內並無伏兵，山上皆是草房。懿曰：「此必是積糧之所也。」遂大驅士馬，盡入谷中。懿忽見草房上盡是乾柴，前面魏延已不見了。懿心疑，謂二子曰：「倘有兵截斷谷口，如之奈何？」言未已，只聽得喊聲大震，山上一齊丟下火把來，燒斷谷口。魏兵奔逃無路。山上火箭射下，地雷一齊突出，草房內乾柴都着，刮刮雜雜①，火勢沖天。司馬懿驚得手足無措，乃下馬抱二子大哭曰：「我父子三人皆死於此處矣！」正哭之間，忽然狂風大作，黑氣漫空，一聲霹靂響處，驟雨傾盆。滿谷之火，盡皆澆滅：地雷不震，火器無功。司馬懿大喜曰：「不就此時殺出，更待何時！」卽引兵奮力衝殺。張虎、樂綝亦各引兵殺來接應。馬岱軍少，不敢追趕。司馬懿父子與張虎、樂綝合兵一處，同歸渭南大寨——不想寨柵已被蜀兵奪了。郭淮、孫禮正在浮橋上與蜀兵接戰。司馬懿等引兵殺到，蜀兵退去。懿燒斷浮橋，據住北岸。

且說魏兵在祁山攻打蜀寨，聽知司馬懿大敗，失了渭南營寨，軍心慌亂；急退時，四面蜀兵衝殺將來，魏兵大敗，十傷八九，死者無數，餘衆奔過渭北逃生。孔明在山上見魏延誘司馬懿入谷，一霎時火光大起，心中甚喜：以為司馬懿此番必死。不期天降大雨，火不能着，哨馬報說司馬懿父子俱逃去了。孔明歎曰：「『謀事在人，成事在天。』不可強也！」後人有詩歎曰：

谷口風狂烈燄飄，何期驟雨降青霄。武侯妙計如能就，安得山河屬晉朝！

卻說司馬懿在渭北寨內傳令曰：「渭南寨柵，今已失了。諸將如再言出戰者斬。」衆將聽令，據守不出。郭淮入告曰：「近日孔明引兵巡哨，必將擇地安營。」懿曰：「孔明若出武功，依山而東，我等皆危矣；若出渭南，西止五丈原，方無事也。」令人探之，回報果屯五丈原。司馬懿以手加額曰：「大魏皇帝之洪福也！」遂令諸將堅守勿出，彼久必自變。

且說孔明自引一軍屯於五丈原，累令人搦戰，魏兵只不出。孔明乃取巾幗并婦人縞素之服，盛於大盒之內，修書一封，遣人送至魏寨。諸將不敢隱蔽，引來使入見司馬懿。懿對衆啟盒視之，內有巾幗婦人之衣，并書一封。懿拆視其書。略云：

仲達既為大將，統領中原之衆，不思披堅執銳，以決雌雄，乃甘窟守土巢，謹避刀箭：與婦人又何異哉！

今遣人送巾幗素衣至：如不出戰，可再拜而受之。倘恥心未泯，猶有男子胸襟，早與批迴，依期赴敵。

司馬懿看畢，心中大怒——乃佯笑曰：「孔明視我為婦人耶？」即受之，令重待來使。懿問曰：「孔明寢食及事之煩簡若何？」使者曰：「丞相夙興夜寐②，罰二十以上皆親覽焉。所啖之食，日不過數升。」懿顧謂諸將曰：「孔明食少事煩，其能久乎！」使者辭去，回到五丈原，見了孔明，具說：「司馬懿受了巾幗女衣，看了書札，並不嗔怒，只問丞相寢食及事之煩簡，絕不提起軍旅之事。某如此應對，彼言：『食少事煩，豈能長久？』」孔明歎曰：「彼深知我也！」主簿楊顒曰：「某見丞相常自校簿書，竊以為不必：夫為治有體，上下不可相侵。譬之治家之道，必使僕擲執耕，婢曲爨，私業無曠，所求皆足，其家主從容自在，高枕飲食而已。若皆身親其事，將形疲神困，終無一成。豈其智之不如婢僕哉：失為家主之道也。是故古人稱坐而論道，謂之三公；作而行之，謂之士大夫。昔丙吉憂牛喘，而不問橫道死人③；陳平不知錢穀之數④，曰：『自有主者。』今丞相親理細事，汗流終日，豈不勞乎？司馬懿之言，真至言也。」孔明泣曰：「吾非不知：

但受先帝託孤之重，惟恐他人不似我盡心也！」衆皆垂淚。自此孔明自覺神思不寧。諸將因此未敢進兵。

却說魏將皆知孔明以巾幗女衣辱司馬懿，懿受之不戰。衆將盡忿，入帳告曰：「我等皆大國名將，安忍受蜀人如此之辱？即請出戰，以決雌雄。」懿曰：「吾非不敢出戰，而甘心受辱也：奈天子明詔，令堅守無動。今若輕出，有違君命矣。」衆將俱忿怒不平。懿曰：「汝等既要出戰，待我奏准天子，同力赴敵，何如？」衆皆允諾。懿乃寫表遣使，直至合淝軍前，奏聞魏主曹叡。叡拆表覽之。表略曰：

臣才薄任重，伏蒙明旨，令臣堅守不戰，以待蜀人之自敝；奈今諸葛亮遺臣以巾幗，待臣如婦人，恥辱至甚！臣謹先達聖聽：旦夕將効死一戰，以報朝廷之恩，以雪三軍之恥。臣不勝激切之至！

叡覽訖，乃謂多官曰：「司馬懿堅守不出，今何故又上表求戰？」衛尉辛毗曰：「司馬懿本無戰心，必因諸葛亮恥辱，衆將忿怒之故，特上此表，欲更乞明旨，以遏諸將之心耳。」叡然其言，即令辛毗持節至渭北寨傳諭，令勿出戰。司馬懿接詔入帳，辛毗宣諭曰：「如再有敢言出戰者，即以違旨論。」衆將只得奉詔。懿暗謂辛毗曰：「公真知我心也。」於是令軍中傳說：魏主命辛毗持節，傳諭司馬懿勿得出戰。蜀將聞知此事，報與孔明。孔明笑曰：「此乃司馬懿安三軍之法也。」姜維曰：「丞相何以知之？」孔明曰：「彼本無戰心；所以請戰者，以示武於衆耳。豈不聞：『將在外，君命有所不受。』安有千里而請戰者乎？此乃司馬懿因將士忿怒，故借曹叡之主，以制衆人。今又播傳此言，欲懈我軍心也。」

正論間，忽報費禕到，孔明請入問之。禕曰：「魏主曹叡聞東吳三路進兵，乃自引大軍至合淝，令滿寵、田豫、劉劭分兵三路迎敵。滿寵設計盡燒東吳糧草戰具，吳兵多病。陸遜上表於吳王，約會前後夾攻，不意齎表人中途被魏兵所獲：因此機關洩漏，吳兵無功而還。」孔明聽知此信，長歎一聲，不覺昏倒於地；衆將急救，半晌方甦。孔明歎曰：「吾心昏亂，舊病復發，恐不能生矣！」是夜孔明扶病出帳，仰觀天文，十分驚慌；入帳謂姜維曰：「吾命在旦夕矣！」維曰：「丞相何出此言？」孔明曰：「吾見三台星中，客星倍明，主星幽隱，相輔列曜，其光昏暗：天象如此，吾命可知！」維曰：「天象雖則如此，丞相何不用祈禳之法挽回之？」孔明曰：「吾素諳祈禳之法，但未知天意若何。汝可引甲士四十九人，各執皂旗，穿皂衣，環繞帳外；我自於帳中祈禳北斗。若七日內主燈不滅，吾壽可增一紀；如燈滅，吾必死矣。閒雜人等，休教放入。凡一應需用之物，只令二小童搬運。」姜維領命，自去準備。時值八月中秋。是夜銀河耿耿，玉露零零；旌旗不動，刁斗無聲。姜維在帳外引四十九人守護。孔明自於帳中設香花祭物：地上分布七盞大燈，外布四十九盞小燈，內安本命燈一盞。孔明拜祝曰：「亮生於亂世，甘老林泉；承昭烈皇帝三顧之恩，託孤之重，不敢不竭犬馬之勞，誓討國賊。不意將星欲墜，陽壽將終。謹書尺素，上告穹蒼：伏望天慈，俯垂鑒聽，曲延臣算，使得上報君恩，下救民命，克復舊物，永延漢祀。非敢妄祈，實由情切。」拜祝畢，就帳中俯伏待旦。次日，扶病理事，吐血不止——日則計議軍機，夜則步罡踏斗。

　　却說司馬懿在營中堅守，忽一夜仰觀天文，大喜，謂夏侯霸曰：「吾見將星失位，孔明必然有病，不久便死。

你可引一千軍去五丈原哨探。若蜀人攘亂不出接戰，孔明必然患病矣。吾當乘勢擊之。」霸引兵而去。孔明在帳中祈禳已及六夜，見主燈明亮，心中甚喜。姜維入帳，正見孔明披髮仗劍，踏罡步斗，壓鎮將星。忽聽得寨外吶喊，方欲令人出問，魏延飛步入告曰：「魏兵至矣！」延腳步急，竟將主燈撲滅。孔明棄劍而歎曰：「死生有命，不可得而禳也！」魏延惶恐，伏地請罪；姜維忿怒，拔劍欲殺延。正是：萬事不由人做主，一心難與命爭衡。未知魏延性命如何，且看下文分解。

——————

① 刮刮雜雜——形容枯柴着火的聲音。

② 夙興夜寐——起早睡晚，指勤勞。

③ 丙吉憂牛喘，而不問橫道死人——丙吉，漢朝丞相。春天出行，看見路上死傷的人，他不問，看見牛喘，却很關心。人家問他，他說：「這時候，天氣還不太熱，牛不應喘；惟恐天時不正，會影響年成。這是丞相職務所在，

我應當注意。」

④　陳平不知錢穀之數——陳平，漢朝丞相。皇帝問他：「全國一年判決多少案件，收多少錢糧？」他說：「這些事，可問主管部門。丞相只主管羣臣，不管這些事。」

第一百四回　隕大星漢丞相歸天　見木像魏都督喪膽

　　却說姜維見魏延踏滅了燈，心中忿怒，拔劍欲殺之。孔明止之曰：「此吾命當絕，非文長之過也。」維乃收劍。孔明吐血數口，臥倒牀上，謂魏延曰：「此是司馬懿料吾有病，故令人來探視虛實。汝可急出迎敵。」魏延領命，出帳上馬，引兵殺出寨來。夏侯霸見了魏延，慌忙引軍退走。延追趕二十餘里方回。孔明令魏延自回本寨把守。

　　姜維入帳，直至孔明榻前問安。孔明曰：「吾本欲竭忠盡力，恢復中原，重興漢室；奈天意如此，吾旦夕將死。吾平生所學已著書二十四篇，計十萬四千一百一十二字：內有八務、七戒、六恐、五懼之法。吾遍觀諸將，無人可授，獨汝可傳我書。切勿輕忽！」維哭拜而受。孔明又曰：「吾有『連弩』之法，不曾用得。其法矢長八寸，一弩可發十矢；皆畫成圖本。汝可依法造用。」維亦拜受。孔明又曰：「蜀中諸道，皆不必多憂；惟陰平之地，切須仔細。此地雖險峻，久必有失。」又喚馬岱入帳，附耳低言，授以密計；囑曰：「我死之後，汝可依計行之。」岱領計而出。少頃，楊儀入。孔明喚至榻前，授與一錦囊，密囑曰：「我死，魏延必反；待其反時，汝與臨陣，方開此囊。那時自有斬魏延之人也。」孔明一一調度已畢，便昏然而倒，至晚方甦，便連夜表奏後主。後主聞奏大驚，急命尚書李福，星夜至軍中問安，兼詢後事。李福領命，趲程赴五丈原，入見孔明，傳後主之命。問安畢，孔明流涕曰：「吾不幸中道喪亡，虛廢國家大事，得罪於天下。我死後，公等宜竭忠輔主。國家舊制，不可改易。吾所用之人，亦不可輕廢。吾兵法皆授與姜維，他自能繼吾之志，為國家出力。吾命已在旦夕，當即有遺表上奏天子也。」李福領了言語，匆匆辭去。

孔明強支病體，令左右扶上小車，出寨遍觀各營，自覺秋風吹面，徹骨生寒；乃長歎曰：「再不能臨陣討賊矣！悠悠蒼天，曷此其極！」歎息良久。回到帳中，病轉沈重，乃喚楊儀分付曰：「馬岱、王平、廖化、張翼、張嶷等，皆忠義之士，久經戰陣，多負勤勞，堪可委用。我死之後，凡事俱依舊法而行。緩緩退兵，不可急驟。汝深通謀略，不必多囑。姜伯約智勇足備，可以斷後。」楊儀泣拜受命。孔明令取文房四寶，於臥榻上手書遺表，以達後主。表略曰：

伏聞生死有常，難逃定數；死之將至，願盡愚忠：臣亮賦性愚拙，遭時艱難；分符擁節，專掌鈞衡；興師北伐，未獲成功；何期病入膏肓，命垂旦夕；不及終事陛下，飲恨無窮！伏願陛下：清心寡慾，約己愛民；達孝道於先皇，布仁恩於宇下；提拔幽隱，以進賢良；屏斥奸邪，以厚風俗。

臣家有桑八百株，田五十頃，子孫衣食，自有餘饒。至於臣在外任，隨身所需，悉仰於官，不別治生產。臣死之日，不使內有餘帛，外有餘財，以負陛下也。

孔明寫畢，又囑楊儀曰：「我死之後，不可發喪。可作一大龕，將吾屍坐於龕中；以米七粒，放吾口內；脚下用明燈一盞；軍中安靜如常，切勿舉哀：則將星不墜。吾陰魂更自起鎮之。司馬懿見將星不墜，必然驚疑。吾軍可令後寨先行，然後一營一營緩緩而退。若司馬懿來追，汝可布成陣勢，回旗返鼓。等他來到，却將我先時所雕木像，安於車上，推出軍前，令大小將士，分列左右。懿見之必驚走矣。」楊儀一一領諾。是夜孔明令人扶出，仰觀北斗，遙指一星曰：「此吾之將星也。」衆視之：見其色昏暗，搖搖欲墜。孔明以劍指之，口中念咒。咒畢，急回帳時，不省人事。衆將正慌亂間，忽尚書李福又至；見孔明昏絕，口不能言，乃大哭曰：「我誤國家之大事也！」須臾，孔明復醒，開目遍視；見李福立於榻前，孔明曰：「吾已知公復來之意。」福謝曰：「福奉天子命，問丞相百年後，誰可任大事者。適因忽遽，失於諮請，故復來耳。」孔明曰：「吾死之後，可任大事者：蔣公琰其宜也。」福曰：「公琰之後，誰可繼之？」孔明曰：「費文偉可繼之。」福又問：「文偉之後，誰當繼者？」孔明不答。衆將近前視之，已薨矣。時建興十二年秋八月二十三日也：壽五十四歲。後杜工部有詩歎曰：

長星昨夜墜前營，訃報先生此日傾。虎帳不聞施號令，麟臺惟有著勳名。空餘門下三千客，辜負胸中十萬兵。好看綠陰清晝裏，於今無復雅歌聲！

白樂天亦有詩曰：

先生晦跡臥山林，三顧那逢賢主尋。魚到南陽方得水，龍飛天外便為霖。託孤既盡慇懃禮，報國還傾忠義心。前後出師遺表在，令人一覽淚沾襟。

初，蜀長水校尉廖立，自謂才名宜為孔明之副，嘗以職位閒散，怏怏不平，怨謗無已。於是孔明廢之為庶人，徙之汶山。及聞孔明亡，乃垂泣曰：「吾終為左衽①矣！」李嚴聞之，亦大哭病死——蓋嚴嘗望孔明復收己，得自補前過；度孔明死後，人不能用之故也。後元微之有贊孔明詩曰：

撥亂扶危主，慇懃受託孤。英才過管樂，妙策勝孫吳。凜凜《出師表》，堂堂八陣圖。如公全盛德，應歎古今無！

是夜，天愁地慘，月色無光，孔明奄然歸天。姜維、楊儀遵孔明遺命，不敢舉哀，依法成殮，安置龕中，令心腹將卒三百人守護；隨傳密令，使魏延斷後，各處營寨一一退去。

卻說司馬懿夜觀天文，見一大星，赤色，光芒有角，自東北方流於西南方，墜於蜀營內，三投再起，隱隱有聲。懿驚喜曰：「孔明死矣！」即傳令起大兵追之。方出寨門，忽又疑慮曰：「孔明善會六丁六甲之法，今見我久不出戰，故以此術詐死，誘我出耳。今若追之，必中其計。」遂復勒馬回寨不出，只令夏侯霸暗引數十騎，往五丈原山僻哨探消息。

卻說魏延在本寨中，夜作一夢，夢見頭上忽生二角，醒來甚是疑異。次日，行軍司馬趙直至，延請入問曰：「久知足下深明《易》理－－吾夜夢頭生二角，不知主何吉凶？煩足下為我決之。」趙直想了半晌，答曰：「此大吉之兆：麒麟頭上有角，蒼頭頭上有角，乃變化飛騰之象也。」延大喜曰：「如應公言，當有重謝！」直辭去，行不數里，正遇尚書費禕。禕問何來。直曰：「適至魏文長營中，文長夢頭生角，令我決其吉凶。此本非吉兆，但恐直言見怪，因以麒麟蒼龍解之。」禕曰：「足下何以知非吉兆？」直曰：「角之字形乃刀下用也。今頭上有角，其凶甚矣。」禕曰：「君且勿洩漏。」直別去。費禕至魏延寨中，屏退左右，告曰：「昨夜三更，丞相已辭世矣。臨終再三囑付，令將軍斷後以當司馬懿，緩緩而退，不可發喪。今兵符在此，便可起兵。」延曰：「何人代理丞相之大事？」禕曰：「丞相一應大事，盡託與楊儀；用兵密法，皆授與姜伯約。此兵符乃楊儀之令也。」延曰：「丞相雖亡，吾今現在。楊儀不過一長史，安能當此大任？他只宜扶柩入川安葬。我自率大兵攻司馬懿，務要成功。豈可因丞相一人而廢國家大事耶？」禕曰：「丞相遺令，教且暫退，不可有違。」延怒曰：「丞相當時若依我計，取長安久矣！吾今官任前將軍、征西大將軍南鄭侯，安肯與長史斷後！」禕曰：「將軍之言雖是，然不可輕動，令敵人恥笑。待吾往見楊儀，以利害說之，令彼將兵權讓與將軍，何如？」延依其言。

禕辭延出營，急到大寨見楊儀，具述魏延之語。儀曰：「丞相臨終，曾密囑我曰：『魏延必有異志。』今我以兵符往，實欲探其心耳。今果應丞相之言。吾自令伯約斷後可也。」於是楊儀領兵扶柩先行，令姜維斷後；依孔明遺令，徐徐而退。魏延在寨中，不見費禕來回覆，心中疑惑，乃令馬岱引十數騎往探消息。回報曰：「後軍乃姜維總督，前軍大半退入谷中去了。」延大怒曰：「豎儒安敢欺我！我必殺之！」因顧謂岱曰：「公肯相助否？」岱曰：「吾亦素恨楊儀，今願助將軍攻之。」延大喜，即拔寨引本部兵望南而行。

却說夏侯霸引兵至五丈原看時，不見一人，急回報司馬懿曰：「蜀兵已盡退矣。」懿跌足曰：「孔明真死矣！可速追之！」夏侯霸曰：「都督不可輕追。當令偏將先往。」懿曰：「此番須吾自行。」遂引兵同二子一齊殺奔五丈原來；吶喊搖旗，殺入蜀寨時，果無一人。懿顧二子曰：「汝急催兵趕來，吾先引軍前進。」於是司馬師、司馬昭在後催軍；懿自引軍當先，追到山腳下，望見蜀兵不遠，乃奮力追趕。忽然山後一聲礮響，喊聲大震：只見蜀兵俱回旗返鼓，樹影中飄出中軍大旗，上書一行大字曰：「漢丞相武鄉侯諸葛亮」。懿大驚失色。定睛看時，只見軍中數十員上將，擁出一輛四輪車來；車上端坐孔明：綸巾羽扇，鶴氅皂絛。懿大驚曰：「孔明尚在，吾輕入重地，墮其計矣！」急勒回馬便走。背後姜維大叫：「賊將休走！你中了我丞相之計也！」魏兵魂飛魄散，棄甲丟盔，拋戈撇戟，各逃性命，自相踐踏，死者無數。司馬懿奔走了五十餘里，背後兩員魏將趕上，扯住馬嚼環叫曰：「都督勿驚。」懿用手摸頭曰：「我有頭否？」二將曰：「都督休怕，蜀兵去遠了。」懿喘息半晌，神色方定；睜目視之，乃夏侯霸、夏侯惠也；乃徐徐按轡，與二將尋小路奔歸本寨，使衆將引兵四散哨探。

過了兩日，鄉民奔告曰：「蜀兵退入谷中之時，哀聲震地，軍中揚起白旗：孔明果然死了，止留姜維引一千兵斷後——前日車上之孔明，乃木人也。」懿歎曰：「吾能料其生，不能料其死也！」因此蜀中人諺曰：「死諸葛能走生仲達。」後人有詩歎曰：

長星半夜落天樞，奔走還疑亮未殂。關外至今人冷笑，頭顱猶問有和無！

司馬懿知孔明死信已確，乃復引兵追趕。行至赤岸坡，見蜀兵已去遠，乃引還，顧謂衆將曰：「孔明已死，我等皆高枕無憂矣。」遂班師回。一路見孔明安營下寨之處，前後左右，整整有法，懿歎曰：「此天下奇才也！」於是引兵回長安，分調衆將，各守隘口。懿自回洛陽面君去了。

却說楊儀、姜維排成陣勢，緩緩退入棧閣道口，然後更衣發喪，揚旛舉哀。蜀兵皆撞跌②而哭，至有哭死者。蜀兵前隊正回到棧閣道口，忽見前面火光沖天，喊聲震地：一彪軍攔路。衆將大驚，急報楊儀。正是：已見魏營諸將去，不知蜀地甚兵來。未知來者是何處軍馬，且看下文分解。

－－－－－－

① 左衽－－古時，中國人的衣襟在右，外族的衣襟在左。左衽，指被外族征服。

② 撞跌－－表示十分沈痛悲哀的動作：頭撞牆，脚跺地。

第一百五回　武侯預伏錦囊計　魏主拆取承露盤

却說楊儀聞報前路有兵攔截，忙令人哨探。回報說魏延燒絕棧道，引兵攔路。儀大驚曰：「丞相在日，料此人久後必反，誰想今日果然如此！今斷吾歸路，當復如何？」費禕曰：「此人必先捏奏天子，誣吾等造反，故燒絕棧道，阻遏歸路。吾等亦當表奏天子，陳魏延反情，當後圖之。」姜維曰：「此間有一小徑，名槎山，雖崎嶇險峻，可以抄出棧道之後。」一面寫表秦聞天子，一面將人馬望槎山小道進發。

且說後主在成都，寢食不安，動止不寧；夜作一夢，夢見成都錦屏山崩倒；遂驚覺，坐而待旦，聚集文武，入朝圓夢。譙周曰：「臣昨夜仰觀天文，見一星，赤色，光芒有角，自東北落於西南，主丞相有大凶之事。今陛下夢山崩，正應此兆。」後主愈加驚怖。忽報李福到，後主急召入問之。福頓首泣奏丞相已亡；將丞相臨終言語，細述一遍。後主聞言大哭曰：「天喪我也！」哭倒於龍牀之上。侍臣扶入後宮。吳太后聞之，亦放聲大哭不已。多官無不哀慟，百姓人人涕泣。後主連日傷感，不能設朝。忽報魏延表奏楊儀造反，羣臣大駭，入宮啟奏後主——時吳太后亦在宮中。後主聞奏大驚，命近臣讀魏延表。其略曰：

征西大將軍南鄭侯臣魏延，誠惶誠恐，頓首上言：楊儀自總兵權，率衆造反，劫丞相靈柩，欲引敵人入境。臣先燒絕棧道，以兵守禦。謹此奏聞。

讀畢，後主曰：「魏延乃勇將，足可拒楊儀等衆，何故燒絕棧道？」吳太后曰：「嘗聞先帝有言：孔明識魏延腦後有反骨，每欲斬之；因憐其勇，故姑留用。今彼奏楊儀等造反，未可輕信。楊儀乃文人，丞相委以長史之任，必其人可用。今日若聽此一面之詞，楊儀等必投魏矣。此事當深慮遠議，不可造次。」衆官正商議間，忽報長史楊儀，有緊急表到。近臣拆表讀曰：

長史綏軍將軍臣楊儀，誠惶誠恐，頓首謹表：丞相臨終，將大事委於臣，照依舊制，不敢變更，使魏延斷後，姜維次之。今魏延不遵丞相遺語，自提本部人馬，先入漢中，放火燒斷棧道，劫丞相靈車，謀為不軌。變起倉卒，謹飛章奏聞。

太后聽畢，問：「卿等所見若何？」蔣琬奏曰：「以臣愚見：楊儀為人雖稟性過急，不能容物，至於籌度糧草，參贊軍機，與丞相辦事多時，今丞相臨終，委以大事，決非背反之人。魏延平日恃功務高，人皆下之。儀獨不假借，延心懷恨。今見儀總兵，心中不服，故燒棧道，斷其歸路，又誣奏而圖陷害。臣願將全家良賤，保楊儀不反－－實不敢保魏延。」董允亦奏曰：「魏延自恃功高，常有不平之心，口出怨言。向所以不即反者，懼丞相耳。今丞相新亡，乘機為亂，勢所必然。若楊儀才幹敏達，為丞相所任用，必不背反。」後主曰：「若魏延果反，當用何策禦之？」蔣琬曰：「丞相素疑此人，必有遺計授與楊儀。若儀無恃，安能退入谷口乎？延必中計矣：陛下寬心。」不多時，魏延又表至，告稱楊儀反了。正覽表之間，楊儀又表到，奏稱魏延背反。二人接連具表，各陳是非。忽報費禕到。後主召入，禕細奏魏延反情。後主曰：「若如此，且令董允假節釋勸，用好言撫慰。」允奉詔而去。

却說魏延燒斷棧道，屯兵南谷，把住隘口，自以為得計；不想楊儀、姜維星夜引兵抄到南谷之後。儀恐漢中有失，令先鋒何平引三千兵先行。儀同姜維等引兵扶柩望漢中而來。

且說何平引兵逕到南谷之後，擂鼓吶喊。哨馬飛報魏延，說楊儀令先鋒何平引兵自槎山小路抄來搦戰。延大怒，急披挂上馬，提刀引兵來迎。兩陣對圓，何平出馬大罵曰：「反賊魏延安在？」延亦罵曰：「汝助楊儀造反，何敢罵我！」平叱曰：「丞相新亡，骨肉未寒，汝焉敢造反！」乃揚鞭指川兵曰：「汝等軍士，皆是西川之人，川中多有父母妻子，兄弟親朋。丞相在日，不曾薄待汝等，今不可助反賊，宜各回家鄉，聽候賞賜。」衆軍聞言，大喊一聲，散去大半。延大怒，揮刀縱馬，直取何平。平挺鎗來迎。戰不數合，平詐敗而走，延隨後趕來。衆軍弓弩齊發，延撥馬而回。見衆軍紛紛潰敗，延轉怒，拍馬趕上，殺了數人，却只止遏不住；只有馬岱所領三百人不動。延謂岱曰：「公眞心助我，事成之後，決不相負。」遂與馬岱追殺何平。平引兵飛奔而去。魏延收聚殘軍，與馬岱商議曰：「我等投魏，若何？」岱曰：「將軍之言，不智甚也：大丈夫何不自圖霸業，乃輕屈膝於人耶？吾觀將軍智勇足備，兩川之士，誰敢抵敵？吾誓同將軍先取漢中，隨後進攻西川。」

延大喜，遂同馬岱引兵直取南鄭。姜維在南鄭城上，見魏延、馬岱耀武揚威，風擁而來。維急令拽起弔橋。延、岱二人，大叫：「早降！」姜維令人請楊儀商議曰：「魏延勇猛，更兼馬岱相助，雖然軍少，何計退之？」儀曰：「丞相臨終，遺一錦囊，囑曰：『若魏延造反，臨城對敵之時，方可開拆，便有斬魏延之計。』今當取出一看。」遂出錦囊拆開看時，題曰：「待與魏延對敵，馬上方許拆開。」維大喜曰：「既丞相有戒約，長史可收執。吾先引兵出城，列為陣勢，公可便來。」姜維披挂上馬，綽鎗在手，引三千軍，開了城門，一齊衝出，鼓聲大震，排成陣勢。維挺鎗立馬於門旗之下，高聲大罵曰：「反賊魏延！丞相不曾虧你，今日如何背反？」延橫刀勒馬而言曰：「伯約：不干你事。只教楊儀來！」儀在門旗影裏，拆開錦囊視之，如此如此。儀大喜，輕騎而出，立馬陣前，手指魏延而笑曰：「丞相在日，知汝久後必反，教我隄備，今果應其言。汝敢在馬上連叫三聲『誰敢殺我』，便是眞大丈夫，吾就獻漢中城池與汝。」延大笑曰：「楊儀匹夫聽着！若孔明在日，吾尚懼他三分；他今已亡，天下誰敢敵我？休道連叫三聲，便叫三萬聲，亦有何難？」遂提刀按轡，於馬上大叫曰：「誰敢殺我？」一聲未畢，腦後一人厲聲而應曰：「吾敢殺你！」手起刀落，斬魏延於馬下。衆皆駭然：斬魏延者，乃馬岱也。原來孔明臨終之時，授馬岱以密計，只待魏延喊叫時，便出其不意斬之；當日楊儀讀罷錦囊，已知伏下馬岱在彼，故依計而行，果然殺了魏延。後人有詩曰：

諸葛先機識魏延，已知日後反西川。錦囊遺計人難料，却見成功在馬前。

却說董允未及到南鄭，馬岱已斬了魏延，與姜維合兵一處。楊儀具表星夜奏聞後主。後主降旨曰：「既已名正其罪，仍念前功，賜棺槨葬之。」楊儀等扶孔明靈柩到成都，後主引文武官僚，盡皆挂孝，出城二十里迎接。後主放聲大哭。上至公卿大夫，下及山林百姓，男女老幼，無不痛哭，哀聲震地。後主命扶柩入城，停於丞相府中。其子諸葛瞻守孝居喪。

後主還朝，楊儀自縛請罪。後主令近臣去其縛曰：「若非卿能依丞相遺教，靈柩何日得歸，魏延如何得滅。大事保全，皆卿之力也。」遂加楊儀為中軍師。馬岱有討逆之功，即以魏延之爵爵之。儀呈上孔明遺表。後主覽畢，大哭，降旨卜地安葬。費禕奏曰：「丞相臨終，命葬於定軍山，不用牆垣磚石，亦不用一切祭物。」後主從之。擇本年十月吉日，後主自送靈柩至定軍山安葬。後主降詔致祭，謚號忠武侯；令建廟於沔陽，四時享祭。後杜工部有詩曰：

丞相祠堂何處尋：錦官城外柏森森。映階碧草自春色，隔葉黃鸝空好音。三顧頻煩天下計，兩朝開濟老臣心。出師未捷身先死，長使英雄淚滿襟！

又杜工部詩曰：

諸葛大名垂宇宙，宗臣遺像肅清高。三分割據紆籌策，萬古雲霄一羽毛。伯仲之間見伊呂，指揮若定失蕭曹。運移漢祚終難復，志決身殲軍務勞。

卻說後主回到成都，忽近臣奏曰：「邊庭報來，東吳令全綜引兵數萬，屯於巴丘界口，未知何意。」後主驚曰：「丞相新亡，東吳負盟侵界，如之奈何？」蔣琬奏曰：「臣敢保王平、張嶷引兵數萬屯於永安，以防不測。陛下再命一人去東吳報喪，以探其動靜。」後主曰：「須得一舌辯之士為使。」一人應聲而出曰：「微臣願往。」衆視之，乃南陽安衆人：姓宗，名預，字德豔，官任參軍右中郎將。後主大喜，卽命宗預往東吳報喪，兼探虛實。

宗預領命，逕到金陵，入見吳主孫權。禮畢，只見左右人皆着素衣。權作色而言曰：「吳、蜀已為一家，卿主何故而增白帝之守也？」預曰：「臣以為東益巴丘之戍，西增白帝之守，皆事勢宜然，俱不足以相問也。」權笑曰：「卿不亞於鄧芝。」乃謂宗預曰：「朕聞諸葛丞相歸天，每日流涕，令官僚盡皆挂孝。朕恐魏人乘喪取蜀，故增巴丘守兵萬人，以為救援，別無他意也。」預頓首拜謝。權曰：「朕既許以同盟，安有背義之理？」預曰：「天子因丞相新亡，特命臣來報喪。」權遂取金鈚箭一技折之，設誓曰：「朕若負前盟，子孫絕滅！」又命使齎香帛奠儀，入川致祭。

宗預拜辭吳主，同吳使還成都，入見後主，奏曰：「吳主因丞相新亡，亦自流涕，令羣臣皆挂孝。其益兵巴丘者，恐魏人乘虛而入，別無異心。今折箭為誓，並不背盟。」後主大喜，重賞宗預，厚待吳使去訖。遂依孔明遺言，加蔣琬為丞相大將軍，錄尚書事；加費禕為尚書令，同理丞相事；加吳懿為車騎將軍，假節督漢中；姜維為輔漢將軍平襄侯，總督諸處人馬，同吳懿出屯漢中，以防魏兵。其餘將校，各依舊職。

楊儀自以為年宦①先於蔣琬，而位出琬下；且自恃功高，未有重賞，口出怨言，謂費禕曰：「昔日丞相初亡，吾若將全師投魏，寧當寂寞如此耶！」費禕乃將此言具表密奏後主。後主大怒，命將楊儀下獄勘問，欲斬之。蔣琬奏曰：「儀雖有罪，但日前隨丞相多立功勞，未可斬也，當廢為庶人。」後主從之，遂貶楊儀赴漢嘉郡為民。儀羞慚自刎而死。

蜀漢建興十三年，魏主曹叡青龍三年，吳主孫權嘉禾四年，三國各不興兵。單說魏主封司馬懿為太尉，總督軍馬，安鎮諸邊。懿拜謝回洛陽去訖。魏主在許昌，大興土木，建蓋宮殿；又於洛陽造朝陽殿、太極殿、築總章觀：俱高十丈；又立崇華殿、青霄閣、鳳凰樓、九龍池，命博士馬鈞監造，極其華麗：雕梁華棟，碧瓦金磚，光輝耀日。選天下巧匠三萬餘人，民夫三十餘萬，不分晝夜而造。民力疲困，怨聲不絕。

叡又降旨起土木於芳林園，使公卿皆負土樹木於其中。司徒董尋上表切諫曰：

伏自建安以來，野戰死亡，或門殫戶盡；雖有存者，遺孤老弱：若今宮室狹小，欲廣大之，猶宜隨時，不妨農務－－況作無益之物乎？陛下既尊羣臣，顯以冠冕，被以文繡，載以華輿，所以異於小人也－－今又使負木擔土，沾體塗足，毀國之光，以崇無益：甚無謂也。孔子云：「君使臣以禮，臣事君以忠。」無忠無禮，國何以立？臣知言出必死；而自比於牛之一毛，生既無益，死亦無損。秉筆流涕，心與世辭。臣有八子，臣死之後，累陛下矣。不勝戰慄待命之至！

叡覽表怒曰：「董尋不怕死耶！」左右奏請斬之。叡曰：「此人素有忠義，今且廢為庶人。再有妄言者必斬！」時有太子舍人張茂，字彥材，亦上表切諫，叡命斬之。即日召馬鈞問曰：「朕建高臺峻閣，欲與神仙往來，以求長生不老之方。」鈞奏曰：「漢朝二十四帝，惟武帝享國最久，壽算極高，蓋因服天上日精月華之氣也：嘗於長安宮中，建柏梁臺；臺上立一銅人，手捧一盤，名曰『承露盤』，接三更北斗所降沆瀣之水②——其名曰『天漿』，又曰『甘露』。取此水用美玉為屑，調和服之，可以反老還童。」叡大喜曰：「汝今可引人夫星夜至長安，拆取銅人，移置芳林園中。」

鈞領命，引一萬人至長安，命周圍搭起木架，上柏梁臺去。不移時間，五千人連繩引索，旋環而上。那柏梁臺高二十丈，銅柱圓十圍。馬鈞教先拆銅人。多人併力拆下銅人來，只見銅人眼中潸然淚下。衆皆大驚。忽然臺邊一陣狂風起處，飛砂走石，急若驟雨；一聲響喨，就如天崩地裂：臺傾柱倒，壓死千餘人。鈞取銅人及金盤回洛陽，入見魏主，獻上銅人、承露盤。魏主問曰：「銅柱安在？」鈞奏曰：「柱重百萬斤，不能運至。」叡令將銅柱打碎，運來洛陽，鑄成兩個銅人，號為『翁仲③』，列於司馬門外；又鑄銅龍鳳兩個：龍高四丈，鳳高三丈餘，一立在殿前。又於上林苑中，種奇花異木，蓄養珍禽怪獸。少傅楊阜上表諫曰：

臣聞堯尚茅茨，而萬國安居；禹卑宮室，而天下樂業；及至殷、周，或堂崇三尺，度以九筵耳：古之聖帝明王，未有以宮室高麗，以凋敝百姓之財力者也。桀作璇室象廊，紂為傾宮鹿臺，致喪社稷；楚靈以築章華而身受其禍；秦始皇作阿房宮而殃及其子，天下背叛，二世而滅：夫不度萬民之力，以從耳目之欲，未有不亡者也。陛下當以堯、舜、禹、湯、文、武為法，以桀、紂、楚、秦為誡——而乃自暇自逸，惟宮室是飾，必有危亡之禍矣。君作元首，臣為股肱，存亡一體，得失同之。臣雖駑怯，敢忘諍臣之義？言不切至，不足以感陛下：謹叩棺沐浴，伏候重誅。

表上，叡不省，只催督馬鈞建造高臺，安置銅人、承露盤。又降旨廣選天下美女，入芳林園中。衆官紛紛上表諫諍：叡俱不聽。

　　却說曹叡之后毛氏，乃河內人也；先年叡為平原王時，最相恩愛；及即帝位，立為后；後叡因寵郭夫人，毛后失寵。郭夫人美而慧，叡甚嬖之，每日取樂，月餘不出宮闈。是歲春三月，芳林園中百花爭放，叡同郭夫人到園中賞玩飲酒。郭夫人曰：「何不請皇后同樂？」叡曰：「若彼在，朕涓滴不能下咽也。」遂傳諭宮娥，不許令毛后知道。毛后見叡月餘不入正宮，是日引十餘宮人，來翠花樓上消遣，只聽的樂聲嘹亮，乃問曰：「何處奏樂？」一宮官啟曰：「乃聖上與郭夫人於御花園中賞花飲酒。」毛后聞之，心中煩惱，回宮安歇。次日，毛后乘小車出宮遊玩，正迎見叡於曲廊之間，乃笑曰：「陛下昨遊北園，其樂不淺也！」叡大怒，即命擒昨日侍奉諸人到，叱曰：「昨遊北園，朕禁左右不許使毛后知道，何得又宣露！」喝令宮官將諸侍奉人盡斬之。毛后大驚，回車至宮，叡即降詔賜毛皇后死，立郭夫人為皇后。朝臣莫敢諫者。忽一日，幽州刺史毌丘儉上表，報稱遼東公孫淵造反，自號為燕王，改元紹漢元年，建宮殿，立官職，興兵入寇，搖動北方。叡大驚，即聚文武官僚，商議起兵退淵之策。正是：纔將土木勞中國，又見干戈起外方。未知何以禦之，且看下文分解。

－－－－－－

① 年宦－－做官的年代、資歷。

② 沆瀣之水－－夜半由露氣凝結而成的水。

③ 翁仲－－歷史傳說：阮翁仲，秦朝人。身長一丈三尺。秦始皇命他守邊界，匈奴人很怕他。死後，秦始皇給他鑄了一座銅像。後來鑄刻高大的銅像和石像，就都叫做翁仲。

第一百六回　公孫淵兵敗死襄平　司馬懿詐病賺曹爽

　　却說公孫淵乃遼東公孫度之孫，公孫康之子也。建安十二年，曹操追袁尚，未到遼東，康斬尚首級獻操，操封康為襄平侯；後康死，有二子：長曰晃，次曰淵，皆幼；康弟公孫恭繼職。曹丕時封恭為車騎將軍襄平侯。太和二年，淵長大，文武兼備，性剛好鬥，奪其叔公孫恭之位，曹叡封淵為揚烈將軍遼東太守。後孫權遣張彌、許宴齎金寶珍玉赴遼東，封淵為燕王。淵懼中原，乃斬張、許二人，送首與曹叡。叡封淵為大司馬樂浪公。淵心不足，與衆商議，自號為燕王，改元紹漢元年。副將賈範諫曰：「中原待主公以上公之爵，不為卑賤；今若背反，實為不順。更兼司馬懿善能用兵，西蜀諸葛武侯且不能取勝，何況主公乎？」淵大怒，叱左右縛賈範，將斬之。參軍倫直諫曰：「賈範之言是也。聖人云：『國家將亡，必有妖孽。』今國中屢見怪異之事：近有犬戴巾幘，身披紅衣，上屋作人行。又城南鄉民造飯，飯甑之中，忽有一小兒蒸死於內。襄平北市中，地忽陷一穴，湧出一塊肉，周圍數尺，頭面眼耳口鼻都具，獨無手足，刀箭不能傷，不知何物。卜者占之曰：『有形不成，有口不聲；國家亡滅，故現其形。』——有此三者，皆不祥之兆也。主公宜避凶就吉，不可輕舉妄動。」淵勃然大怒，叱武士綁倫直并賈範同斬於市。令大將軍卑衍為元帥，楊祚為先鋒，起遼兵十五萬，殺奔中原來。

邊官報知魏主曹叡。叡大驚，乃召司馬懿入朝計議。懿奏曰：「臣部下馬步官軍四萬，足可破賊。」叡曰：「卿兵少路遠，恐難收復。」懿曰：「兵不在多，在能設奇用智耳。臣託陛下洪福，必擒公孫淵以獻陛下。」叡曰：「卿料公孫淵作何舉動？」懿曰：「淵若棄城預走，是上計也；守遼東拒大軍，是中計也；坐守襄平，是為下計——必被臣所擒矣。」叡曰：「此去往復幾時？」懿曰：「四千里之地，往百日，攻百日，還百日，休息六十日，大約一年足矣。」叡曰：「倘吳、蜀入寇，如之奈何？」懿曰：「臣已定下守禦之策：陛下勿憂。」叡大喜，卽命司馬懿興師征討公孫淵。懿辭朝出城，令胡遵為先鋒，引前部兵先到遼東下寨。哨馬飛報公孫淵。淵令卑衍、楊祚分八萬兵屯於遼隧，圍塹二十餘里，環繞鹿角，甚是嚴密。胡遵令人報知司馬懿。懿笑曰：「賊不與我戰，欲老我兵耳。我料賊衆大半在此，其巢穴空虛，不若棄却此處，逕奔襄平；賊必往救，却於中途擊之，必獲全功。」於是勒兵從小路向襄平進發。

却說卑衍與楊祚商議曰：「若魏兵來攻，休與交戰。彼千里而來，糧草不繼，難以持久，糧盡必退；待他退時，然後出奇兵擊之，司馬懿可擒也。昔司馬懿與蜀兵相拒，堅守渭南，孔明竟卒於軍中。今日正與此理相同。」二人正商議間，忽報：「魏兵往南去了。」卑衍大驚曰：「彼知吾襄平軍少，去襲老營也。若襄平有失，我等守此處無益矣。」遂拔寨隨後而起。早有探馬飛報司馬懿。懿笑曰：「中吾計矣！」乃令夏侯霸、夏侯威，各引一軍伏於遼水之濱：「如遼兵到，兩下齊出。」二人受計而往。早望見卑衍、楊祚引兵前來。一聲礮響，兩邊鼓譟搖旗：左有夏侯霸，右有夏侯威，一齊殺出。卑、楊二人，無心戀戰，奪路而走；奔至首山，正逢公孫淵兵到，合兵一處，回馬再與魏兵交戰。卑衍出馬罵曰：「賊將休使詭計！汝敢出戰否？」夏侯霸縱馬揮刀來迎。戰不數合，被夏侯霸一刀斬卑衍於馬下，遼兵大亂。霸驅兵掩殺，公孫淵引敗兵奔入襄平城去，閉門堅守不出。魏兵四面圍合。

時值秋雨連綿，一月不止，平地水深三尺，運糧船自遼河口直至襄平城下。魏兵皆在水中，行坐不安。左都督裴景入帳告曰：「雨水不住，營中泥濘，軍不可停，請移於前面山上。」懿怒曰：「捉公孫淵只在旦夕，安可移營？如有再言移營者斬！」裴景喏喏而退。少頃，右都督仇連又來告曰：「軍士苦水，乞太尉移營高處。」懿大怒曰：「吾軍令已發，汝何敢故違！」卽命推出斬之，懸首於轅門外。於是軍心震懾。

懿令兩寨人馬暫退二十里，縱城內軍民出城樵採柴薪，牧放牛馬。司馬陳羣問曰：「前太尉攻上庸之時，兵分八路，八日趕至城下，遂生擒孟達而成大功；今帶甲四萬，數千里而來，不令攻打城池，却使久居泥濘之中，又縱賊衆樵牧：某實不知太尉是何主意。」懿笑曰：「公不知兵法耶？昔孟達糧多兵少，我糧少兵多，故不可不速戰；出其不意，突然攻之，方可取勝。今遼兵多，我兵少，賊飢我飽，何必力攻？正當任彼自走，然後乘機擊之。我今放開一條路，不絕彼之樵牧，是容彼自走也。」陳羣拜服。

於是司馬懿遣人赴洛陽催糧。魏主曹叡設朝。羣臣皆奏曰：「近日秋雨連綿，一月不止，人馬疲勞，可召回司馬懿，權且罷兵。」叡曰：「司馬太尉善能用兵，臨危制變，多有良謀，捉公孫淵計日而待：卿等何必憂也？」遂不聽羣臣之諫，使人運糧解至司馬懿軍前。懿在寨中，又過數日，雨止天晴。是夜懿出帳外，仰觀天文，忽見一星，其大如斗，流光數丈，自首山東北，墜於襄平東南。各營將士，無不驚駭。懿見之大喜，乃謂衆將曰：「五日之後，星落處必斬公孫淵矣——來日可併力攻城。」

衆將得令，次日侵晨，引兵四面圍合，築土山，掘地道，立礮架，裝雲梯，日夜攻打不息，箭如急雨，射入城去。公孫淵在城中糧盡，皆宰牛馬為食。人人怨恨，各無守心，欲斬淵首，獻城歸降。淵聞之，甚是驚憂，慌令相國王建、御史大夫柳甫，往魏寨請降。二人自城上繫下，來告司馬懿曰：「請太尉退二十里，我君臣自來投降。」懿大怒曰：「公孫淵何不自來？殊為無理！」叱武士推出斬之，將首級付與從人。從人回報，公孫淵大驚，又遣侍中衛演來到魏營。司馬懿升帳，聚衆將立於兩邊。演膝行而進，跪於帳下，告曰：「願太尉息雷霆之怒。尅日先送世子公孫修為質當，然後君臣自縛來降。」懿曰：「軍事大要有五：能戰當戰，不能戰當守，不能守當走，不能走當降，不能降當死耳——何必送子為質當？」叱衛演回報公孫淵。演抱頭鼠竄而去，歸告公孫淵。淵大驚，乃與子公孫修密議停當，選下一千人馬，當夜二更時分，開了南門，往東南而走。淵見無人，心中暗喜。行不到十里，忽聽得山上一聲礮響，鼓角齊鳴：一枝兵攔住，中央乃司馬懿也；左有司馬師，右有司馬昭，二人大叫曰：「反賊休走！」淵大驚，急撥馬尋路奔逃。早有胡遵兵到；左有夏侯霸、夏侯威，右有張虎、樂綝：四面圍得鐵桶相似。公孫淵父子，只得下馬納降。懿在馬上顧諸將曰：「吾前夜丙寅日，見大星落於此處，今夜壬申日應矣。」衆將稱賀曰：「太尉眞神機也！」懿傳令斬之。公孫淵父子對面受戮。司馬懿遂勒兵來取襄平。未及到城下時，胡遵早引兵入城中。人民焚香拜迎。魏兵盡皆入城。懿坐於衙上，將公孫淵宗族，並同謀官僚人等，俱殺之，計首級七十餘顆。出榜安民。人告懿曰：「賈範、倫直苦諫淵不可反叛，俱被淵所殺。」懿遂封其墓而榮其子孫；就將庫內財物，賞勞三軍，班師回洛陽。

卻說魏主在宮中，夜至三更，忽然一陣陰風，吹滅燈光：只見毛皇后引數十個宮人哭至座前索命。叡因此得病。病漸沈重，命侍中光祿大夫劉放、孫資，掌樞密院一切事務；又召文帝子燕王曹宇為大將軍，佐太子曹芳攝政。宇為人恭儉溫和，不肯當此大任，堅辭不受。叡召劉放、孫資問曰：「宗族之內，何人可任？」二人久得曹眞之惠，乃保奏曰：「惟曹子丹之子曹爽可也。」叡從之。二人又奏曰：「欲用曹爽，當遣燕王歸國。」叡然其言。二人遂請叡降詔，賫出諭燕王曰：「有天子手詔，命燕王歸國，限即日就行；若無詔不許入朝。」燕王涕泣而去。遂封曹爽為大將軍，總攝朝政。叡病漸危，急令使持節詔司馬懿還朝。懿受命逕到許昌，入見魏主。叡曰：「朕惟恐不得見卿；今日得見，死無恨矣。」懿頓首奏曰：「臣在途中，聞陛下聖體不安，恨不肋生兩翼，飛至闕下。今日得覩龍顏，臣之幸也。」叡宣太子曹芳，大將軍曹爽，侍中劉放、孫資等，皆至御榻之前。叡執司馬懿之手曰：「昔劉玄德在白帝城病危，以幼子劉禪託孤於諸葛孔明，孔明因此竭盡忠誠，至死方休：：偏邦尚然如此，何況大國乎？朕幼子曹芳，年纔八歲，不堪掌理社稷。幸太尉及宗兄元勳舊臣，竭力相輔，無負朕心！」又喚芳曰：「仲達與朕一體，爾宜敬禮之。」遂命懿攜芳近前。芳抱懿頸不放。叡曰：「太尉勿忘幼子今日相戀之情！」言訖，潸然淚下。懿頓首流涕。魏主昏沈，口不能言，只以手指太子，須臾而卒；在位十三年，壽三十六歲：時魏景初三年春正月下旬也。

當下司馬懿、曹爽，扶太子曹芳即皇帝位。芳字蘭卿，乃叡乞養之子，祕在宮中，人莫知其所由來。於是曹芳謚叡為明帝，葬於高平陵；尊郭皇后為皇太后；改元正始元年。司馬懿與曹爽輔政。爽事懿甚謹，一應大事，必先啟知。爽字昭伯，自幼出入宮中；明帝見爽謹慎，甚是愛敬。爽門下有客五百人，內有五人以浮華相尚：一是何晏，字平叔；一是鄧颺，字玄茂，乃鄧禹之後；一是李勝，字公昭；一是丁謐，字彥靖；一是畢軌，字昭先。又有大司農桓範字元則，頗有智謀，人多稱為「智囊」——此數人皆爽所信任。何晏告爽曰：「主公大權，不可委託他人：恐生後患。」爽曰：「司馬公與我同受先帝託孤之命，安忍背之？」晏曰：「昔日先公與仲達破蜀兵之時，累受此人之氣，因而致死——主公何不察也？」爽猛然省悟，遂與多官計議停當，入奏魏主曹芳曰：「司馬懿功高德重，可加為太傅。」芳從之，自是兵權皆歸於爽。爽命弟曹羲為中領軍，曹訓為武衛將軍，曹彥為散騎常侍，各引三千御林軍，任其出入禁宮；又用何晏、鄧颺、丁謐為尚書，畢軌為司隸校尉，李勝為河南尹：此五人日夜與爽議事。於是曹爽門下賓客日盛。司馬懿推病不出，二子亦皆退職閒居。爽每日與何晏等飲酒作樂：凡用衣服器皿，與朝廷無異；各處進貢玩好珍奇之物，先取上等者入己，然後進宮；佳人美女，充滿府院——黃門張當，諂事曹爽，私選先帝侍妾七八人，送入府中；爽又選善歌舞良家子女三四十人，為家樂。又建重樓畫閣，造金銀器皿，用巧匠數百人，晝夜工作。

却說何晏聞平原管輅明數術，請與論《易》。時鄧颺在座，問輅曰：「君自謂善《易》，而語不及《易》中詞義，何也？」輅曰：「夫善《易》者，不言《易》也。」晏笑而讚之曰：「可謂要言不煩。」因謂輅曰：「試為我卜一卦：可至三公否？」又問：「連夢青蠅數十，來集鼻上，此是何兆？」輅曰：「元、愷①輔舜，周公佐周，皆以和惠謙恭，享有多福。今君侯位尊勢重，而懷德者鮮，畏威者衆，殊非小心求福之道。且鼻者，山也；山高而不危，所以長守貴也。今青蠅臭惡而集焉，位峻者顛，可不懼乎？願君侯裒多益寡②，非禮勿履：然後三公可至，青蠅可驅也。」鄧颺怒曰：「此老生之常談耳！」輅曰：「老生者見不生，常談者見不談。」遂拂袖而去。二人大笑曰：「眞狂士也！」輅到家，與舅言之。舅大驚曰：「何、鄧二人，威權甚重，汝奈何犯之？」輅曰：「吾與死人語，何所畏耶？」舅問其故。輅曰：「鄧颺行步，筋不束骨，脈不制肉，起立傾倚，若無手足：此為『鬼躁』之相。何晏視候，魂不守宅，血不華色，精爽煙浮，容若槁木：此為『鬼幽』之相。二人早晚必有殺身之禍，何足畏也？」其舅不罵輅為狂子而去。

却說曹爽嘗與何晏、鄧颺等畋獵。其弟曹羲諫曰：「兄威權太甚，而好出外游獵，倘為人所算，悔之無及。」爽叱曰：「兵權在吾手中，何懼之有？」司農桓範亦諫，不聽。時魏主曹芳，改正始十年為嘉平元年。曹爽一向專權，不知仲達虛實。適魏主除李勝為荊州刺史，卽令李勝往辭仲達，就探消息。勝逕到太傅府中，早有門吏報入。司馬懿謂二子曰：「此乃曹爽使來探吾病之虛實也。」乃去冠散髮，上牀擁被而坐；又令二婢扶策，方請李勝入府。勝至牀前拜曰：「一向不見太傅，誰想如此病重。今天子命某為荊州刺史，特來拜辭。」懿佯答曰：「并州近朔方，好為之備。」勝曰：「除荊州刺史：非并州也。」懿笑曰：「你方從并州來？」勝曰：「漢上荊州耳。」懿大笑曰：「你從荊州來也！」勝曰：「太傅如何病得這等了？」左右曰：「太傅耳聾。」勝曰：「乞紙筆一用。」左右取紙筆與勝。勝寫畢，呈上。懿看之，笑曰：「吾病的耳聾了。此去保重。」言訖，以手指口。侍婢進湯，懿將口就之，湯流滿襟，乃作哽噎③之聲曰：「吾今衰老病篤，死在旦夕矣。二子不肖，望君教之。君若見大將軍，千萬看覷二子！」言訖，倒在牀上，聲嘶氣喘。李勝拜辭仲達，回見曹爽，細言其事。爽大喜曰：「此老若死，吾無憂矣！」

司馬懿見李勝去了，遂起身謂二子曰：「李勝此去，回報消息，曹爽必不忌我矣。只待他出城畋獵之時，方可圖之。」不一日，曹爽請魏主曹芳去謁高平陵，祭祀先帝。大小官僚，皆隨駕出城。爽引三弟，并心腹人何晏等，及御林軍護駕正行，司農桓範叩馬諫曰：「主公總典禁兵，不宜兄弟皆出。倘城中有變，如之奈何？」爽以鞭指而叱之曰：「誰敢為變！再勿亂言！」當日司馬懿見爽出城，心中大喜，即起舊日手下破敵之人，并家將數十，引二子上馬，逕來謀殺曹爽。正是：閉戶忽然有起色，驅兵自此逞雄風。未知曹爽性命如何，且看下文分解。

——————

① 元、愷——元，指八元；愷，指八愷。歷史傳說：八元，是高辛氏時的八個人；八愷，是高陽氏時的八個人。他們都很有才能。

② 裒多益寡——裒是聚集；裒多益寡，就是：多接受別人的意見，補正自己的缺陷。

③ 哽噎——因悲哀而喉間阻塞，說不出話的樣子。

第一百七回　魏主政歸司馬氏　姜維兵敗牛頭山

却說司馬懿聞曹爽同弟曹羲、曹訓、曹彥并心腹何晏、鄧颺、丁謐、畢軌、李勝等及御林軍，隨魏主曹芳，出城謁明帝墓，就去畋獵。懿大喜，即到省中，令司徒高柔，假以節鉞行大將軍事，先據曹爽營；又令太僕王觀行中領軍事，據曹羲營。懿引舊官入後宮奏郭太后，言爽背先帝託孤之恩，奸邪亂國，其罪當廢。郭太后大驚曰：「天子在外，如之奈何？」懿曰：「臣有奏天子之表，誅奸臣之計：太后勿憂。」太后懼怕，只得從之。懿急令太尉蔣濟、尚書令司馬孚，一同寫表，遣黃門齎出城外，逕至帝前申奏。懿自引大軍據武庫。早有人報知曹爽家。其妻劉氏急出廳前，喚守府官問曰：「今主公在外，仲達起兵何意？」守門將潘舉曰：「夫人勿驚：我去問來。」乃引弓弩手數十人，登門樓望之。正見司馬懿引兵過府前，舉令人亂箭射下，懿不得過。偏將孫謙在後止之曰：「太傅為國家大事，休得放箭。」連止三次，舉方不射。司馬昭護父司馬懿而過，引兵出城屯於洛河，守住浮橋。

且說曹爽手下司馬魯芝，見城中事變，來與參軍辛敞商議曰：「今仲達如此變亂，將如之何？」敞曰：「可引本部兵出城去見天子。」芝然其言。敞急入後堂。其姊辛憲英見之，問曰：「汝有何事，慌速如此？」敞告曰：「天子在外，太傅閉了城門，必將謀逆。」憲英曰：「司馬公未必謀逆，特欲殺曹將軍耳。」敞驚曰：「此事未知如何？」憲英曰：「曹將軍非司馬公之對手，必然敗矣。」敞曰：「那日司馬教我同去，未知可去否？」憲英曰：「職守，人之大義也。凡人在難，猶或卹之。執鞭而棄其事，不祥莫大焉。」敞從其言，乃與魯芝引數十騎，斬關奪門而出。人報知司馬懿。懿恐桓範亦走，急令人召之。範與其子商議。其子曰：「車駕在外，不如南出。」範從其言，乃上馬至平昌門，城門已閉，把門將乃桓範舊吏司蕃也。範袖中取出一竹版曰：「太后有詔，可即開門。」司蕃曰：「請詔驗之。」範叱曰：「汝是吾故吏，何敢如此！」蕃只得開門放出。範出的城外，喚司蕃曰：「太傅造反，汝可速隨我去。」蕃大驚，追之不及。人報知司馬懿。懿大驚曰：「智囊洩矣！如之奈何？」蔣濟曰：「駑馬戀棧豆，必不能用也。」懿乃召許允、陳泰曰：「汝去見曹爽，說太傅別無他事，只是削汝兄弟兵權而已。」許、陳二人去了。又召殿中校尉尹大目至；令蔣濟作書，與大目持去見爽。懿分付曰：「汝與爽厚，可領此任：汝見爽說吾與蔣濟指洛水為誓，只因兵權之事，別無他意。」尹大目依令而去。

却說曹爽正飛鷹走犬之際，忽報城內有變，太傅有表。爽大驚，幾乎落馬。黃門官捧表跪於天子之前。爽接表拆封，令近臣讀之。表略曰：

征西大都督太傅臣司馬懿，誠惶誠恐，頓首謹表：臣昔從遼東還，先帝詔陛下與秦王及臣等，升御牀，把臣臂，深以後事為念。今大將軍曹爽，背棄顧命，敗亂國典；內則僭擬，外專威權；以黃門張當為都監，專共交關；看察至尊，伺候神器；離間二宮，傷害骨肉；天下洶洶，人懷危懼：此非先帝詔陛下及囑臣之本意也。

臣雖朽邁，敢忘往言？太尉臣濟、尚書臣孚等，皆以爽為有無君之心，兄弟不宜典兵宿衞，奏永寧宮皇太后，令敕臣如奏施行。臣輒敕主者及黃門令，罷爽、羲、訓吏兵，以侯就第，不得逗留，以稽車駕；敢有稽留，便以軍法從事。臣輒力疾將兵，屯於洛水浮橋，伺察非常：謹此上聞，伏干聖聽。

魏主曹芳聽畢，乃喚曹爽曰：「太傅之言若此，卿如何裁處？」爽手足失措，回顧二弟曰：「為之奈何？」羲曰：「劣弟亦曾諫兄，兄執迷不聽，致有今日。司馬懿譎詐無比，孔明尚不能勝，況我兄弟乎？不如自縛見之，以免一死。」言未畢，參軍辛敞、司馬魯芝到。爽問之。二人告曰：「城中把得鐵桶相似，太傅引兵屯於洛水浮橋，勢將不可復歸：宜早定大計。」正言間，司農桓範驟馬而至，謂爽曰：「太傅已變，將軍何不請天子幸許都，調外兵以討司馬懿耶？」爽曰：「吾等全家皆在城中，豈可投他處求援？」範曰：「匹夫臨難，尚欲望活！今主公身隨天子，號令天下，誰敢不應？豈可自投死地乎？」爽聞言不決，惟流涕而已。範又曰：「此去許都，不過中宿。城中糧草，足支數載。今主公別營軍馬，近在闕南，呼之即至。大司馬之印，某將在此。主公可急行，遲則休矣。」爽曰：「多官勿太催逼，待吾細細思之。」少頃，侍中許允、尚書令陳泰至。二人告曰：「太傅只為將軍權重，不過要削去兵權，別無他意。將軍可早歸城中。」爽默然不語。又只見殿中校尉尹大目至。大目曰：「太傅指洛水為誓，並無他意。有蔣太尉書在此。將軍可削去兵權，早歸相府。」爽信為良言。桓範又告曰：「事急矣，休聽外言而就死地！」

是夜曹爽意不能決，乃拔劍在手，嗟歎尋思；自黃昏直流涕到曉，終是狐疑不定。桓範入帳催之曰：「主公思慮一晝夜，何尚不能決？」爽擲劍而歎曰：「我不起兵，請願棄官，但為富家翁足矣！」範大哭，出帳曰：「曹子丹以智謀自矜－－今兄弟三人，真豚犢耳！」痛哭不已。許允、陳泰令爽先納印綬與司馬懿。爽先將印送去。主簿楊綜扯住印綬而哭曰：「主公今日捨兵權自縛去降，不免東市受戮也。」爽曰：「太傅必不失信於我。」於是曹爽將印將綬與許、陳二人，先齎與司馬懿。衆軍見無將印，盡皆四散。爽手下只有數騎官僚。到浮橋時，懿傳令，教曹爽兄弟三人，且回私宅；餘皆發監，聽候勅旨。爽等入城時，並無一人侍從。桓範至浮橋邊，懿在馬上以鞭指之曰：「桓大夫何故如此？」範低頭不語，入城而去。

於是司馬懿請駕拔營入洛陽。曹爽兄弟三人回家之後，懿用大鎖鎖門，令居民八百人圍守其宅。曹爽心中憂悶。義謂爽曰：「今家中乏糧，兄可作書與太傅借糧。如肯以糧借我，必無相害之心。」爽乃作書令人持去。司馬懿覽書，遂遣人送糧一百斛，運至曹爽府內。爽大喜曰：「司馬公本無害我之心也！」遂不以為憂。原來司馬懿先將黃門張當捉下獄中問罪。當曰：「非我一人，更有何晏、鄧颺、李勝、畢軌、丁謐等五人，同謀篡逆。」懿取了張當供詞，却捉何晏等勘問明白：皆稱三月間欲反。懿用長枷釘了。城門守將司蕃，告稱桓範矯詔出城，口稱太傅謀反。懿曰：「誣人反情，抵罪反坐。」亦將桓範等皆下獄，然後押爽兄弟三人并一干人犯，皆斬於市曹，滅其三族；其家產財物，盡抄入庫。時有曹爽從弟文叔之妻，乃夏侯令女也：早寡而無子，其父欲改嫁之，女截耳自誓。及爽被誅，其父復將嫁之，女又斷去其鼻。其家驚惶，謂之曰：「人生世間，如輕塵棲弱草，何至自苦如此？且夫家又被司馬氏誅戮已盡，守此欲誰為哉？」女泣曰：「吾聞：『仁者不以盛衰改節，義者不以存亡易心。』曹氏盛時，尚欲保終；況今滅亡，何忍棄之？－－此禽獸之行，吾豈為乎！」懿聞而賢之，聽使乞子自養，為曹氏後。後人有詩曰：

弱草微塵盡達觀，夏侯有女義如山。丈夫不及裙釵節，自顧鬚眉亦汗顏。

却說司馬懿斬了曹爽，太尉蔣濟曰：「尚有魯芝、辛敞斬關奪門而出，楊綜奪印不與，皆不可縱。」懿曰：「彼各為其主，乃義人也。」遂復各人舊職。辛敞歎曰：「吾若不問於姊，失大義矣！」後人有詩讚辛憲英曰：

為臣食祿當思報，事主臨危合盡忠。辛氏憲英曾勸弟，故今千載頌高風。

司馬懿饒了辛敞等，乃出榜曉諭：但有曹爽門下一應人等，盡皆免死；有官者照舊復職。軍民各守家業，內外安堵。何、鄧二人死於非命，果應管輅之言。後人有詩讚管輅曰：

傳得聖賢眞妙訣，平原管輅相通神。「鬼幽」「鬼躁」分何鄧，未喪先知是死人。

　　却說魏主曹芳封司馬懿為丞相，加九錫。懿固辭不肯受。芳不准，令父子三人同領國事。懿忽然想起：「曹爽全家雖誅，尚有夏侯霸守備雍州等處，係爽親族，倘驟然作亂，如何隄備？——必當處置。」卽下詔遣使往雍州，取征西將軍夏侯霸赴洛陽議事。夏侯霸聽知，大驚，便引本部三千兵造反。有鎮守雍州刺史郭淮，聽知夏侯霸反，卽率本部兵來，與夏侯霸交戰。淮出馬大罵曰：「汝旣是大魏皇族，天子又不曾虧汝，何故背反？」霸亦罵曰：「吾祖父於國家多建勤勞，今司馬懿何等人！滅吾曹氏宗族，又來取我，早晚必思篡位：吾仗義討賊，何反之有？」淮大怒，挺鎗驟馬，直取夏侯霸。霸揮刀縱馬來迎。戰不十合，淮敗走，霸隨後趕來。忽聽的後軍吶喊，霸急回馬時，陳泰引兵殺來。郭淮復回。兩路夾攻，霸大敗而走，折兵大半；尋思無計，遂投漢中來降後主。

　　有人報與姜維，維心不信，令人體訪①得實，方教入城。霸拜見畢，哭告前事。維曰：「昔微子去周，成萬古之名：公能匡扶漢室，無愧古人也。」遂設宴相待。維就席問曰：「今司馬懿父子掌握重權，有窺我國之志否？」

霸曰：「老賊方圖謀逆，未暇及外——但魏國新有二人，正在妙齡之際，若使領兵馬，實吳、蜀之大患也。」維問：「二人是誰？」霸告曰：「一人現為祕書郎，乃潁川長社人：姓鍾，名會，字士季，太傅鍾繇之子，幼有膽智。繇嘗率二子見文帝——會時年七歲，其兄毓年八歲——毓見帝惶懼，汗流滿面。帝問毓曰：『卿何以汗？』毓對曰：『戰戰惶惶，汗出如漿。』帝問會曰：『卿何以不汗？』會對曰：『戰戰慄慄，汗不敢出。』帝獨奇之。及稍長，喜讀兵書，深明韜略。司馬懿與蔣濟皆稱其才。一人現為掾吏，乃義陽人也：姓鄧，名艾，字士載，幼年失父，素有大志，但見高山大澤，輒窺度指畫，何處可以屯兵，何處可以積糧，何處可以埋伏。人皆笑之，獨司馬懿奇其才，遂令參贊軍機。艾為人口吃，每奏事必稱『艾……艾……』懿戲謂曰：『卿稱艾艾，當有幾艾？』艾應聲曰：「『鳳兮鳳兮』，故是一鳳。』其資性敏捷，大抵如此：二人深可畏也。」維笑曰：「量此孺子，何足道哉！」

於是姜維引夏侯霸至成都，入見後主。維奏曰：「司馬懿謀殺曹爽，又來賺夏侯霸，霸因此投降。目今司馬懿父子專權，曹芳懦弱，魏國將危。臣在漢中有年，兵精糧足；臣願領王師，即以霸為鄉導官，進取中原，重興漢室，以報陛下之恩，以終丞相之志。」尚書令費禕諫曰：「近者，蔣琬、董允，皆相繼而亡，內治無人。伯約只宜待時，不宜輕動。」維曰：「不然：人生如白駒過隙②，似此遷延歲月，何日恢復中原乎？」禕又曰：「孫子云：『知彼知己，百戰百勝。』我等皆不如丞相遠甚，丞相尚不能恢復中原，何況我等？」維曰：「吾久居隴上，深知羌人之心；今若結羌人為援，雖未能克復中原，自隴而西，可斷而有也。」後主曰：「卿既欲伐魏，可盡忠竭力，勿墮銳氣，以負朕命。」於是姜維領勅辭朝，同夏侯霸逕到漢中，計議起兵。維曰：「可先遣使去羌人處通盟，然後出西平，近雍州。先築二城於麴山之下，令兵守之，以為掎角之勢。我等盡發糧草於川口，依丞相舊制，次第進兵。」是年秋八月，先差蜀將句安、李歆同引一萬五千兵，往麴山前連築二城：句安守東城，李歆守西城。

早有細作報與雍州刺史郭淮。淮一面申報洛陽，一面遣副將陳泰引兵五萬，來與蜀兵交戰。句安、李歆各引一軍出迎；因兵少不能抵敵，退入城中。泰令兵四面圍住攻打，又以兵斷其漢中糧道。句安、李歆城中糧缺。郭淮自領兵亦到，看了地勢，忻然而喜；回到寨中，乃與陳泰計議曰：「此城山勢高阜，必然水少，須出城取水；若斷其上流，蜀兵皆渴死矣。」遂令軍士掘土堰斷上流。城中果然無水。李歆引兵出城取水，雍州兵圍困甚急。歆死戰不能出，只得退入城去。句安城中亦無水，乃會了李歆，引兵出城，併在一處；大戰良久，又敗入城去。軍士枯渴。安與歆曰：「姜都督之兵，至今未到，不知何故。」歆曰：「我當捨命，殺出求救。」遂引數十騎，開了城門，殺將出來。雍州兵四面圍合，歆奮死衝突，方纔得脫；只落得獨自一人，身帶重傷－－餘皆歿於亂軍之中。是夜北風大起，陰雲布合，天降大雪；因此，城內蜀兵分糧化雪而食。

却說李歆撞出重圍，從西山小路行了兩日，正迎着姜維人馬。歆下馬伏地告曰：「麴山二城，皆被魏兵圍困，絕了水道。幸得天降大雪，因此化雪度日。甚是危急。」維曰：「吾非救遲：為聚羌兵未到，因此誤了。」遂令人送李歆入川養病。維問夏侯霸曰：「羌兵未到，魏兵圍困麴山甚急，將軍有何高見？」霸曰：「若等羌兵到麴山，二城皆陷矣。吾料雍州兵，必盡來麴山攻打。雍州城定然空虛，將軍可引兵逕往牛頭山，抄在雍州之後：郭淮、陳泰必回救雍州，則麴山之圍自解矣。」維大喜曰：「此計最善！」於是姜維引兵望牛頭山而去。

却說陳泰見李歆殺出城去了，乃謂郭淮曰：「李歆若告急於姜維，姜維料吾大兵皆在麴山，必抄牛頭山襲吾之後。將軍可引一軍去取洮水，斷絕蜀兵糧道；吾分兵一半，逕往牛頭山擊之；彼若知糧道已絕，必然自走矣。」郭淮從之，遂引一軍暗取洮水。陳泰引一軍逕往牛頭山來。

却說姜維兵至牛頭山，忽聽的前軍發喊，報說魏兵截住去路。維慌忙自到軍前視之。陳泰大喝曰：「汝欲襲吾雍州！吾已等候多時了！」維大怒，挺鎗縱馬，直取陳泰。泰揮刀而迎。戰不三合，泰敗走，維揮兵掩殺。雍州兵退回。占住山頭。維收兵就牛頭山下寨。維每日令兵搦戰，不分勝負。夏侯霸謂姜維曰：「此處不是久停之所：連日交戰，不分勝負，乃誘兵之計耳，必有異謀。不如暫退，再作良圖。」正言間，忽報郭淮引一軍取洮水，斷了糧道。維大驚，急令夏侯霸先退，維自斷後。陳泰分兵五路趕來。維獨拒五路總口，戰住魏兵。泰勒兵上山，矢石如雨。維急退到洮水之時，郭淮引兵殺來。維引兵往來衝突。魏兵阻其去路，密如鐵桶。維奮死殺出，折兵大半，飛奔上陽平關來。前面又一軍殺到；為首一員大將，縱馬橫刀而出——那人生得圓面大耳，方口厚脣，左目下生個黑瘤，瘤上生數十根黑毛：乃司馬懿長子驃騎將軍司馬師也。維大怒曰：「孺子焉敢阻吾歸路！」拍馬挺鎗，直來刺師。師揮刀相迎。只三合，殺敗了司馬師，維脫身逕奔陽平關來。城上人開門放入姜維。司馬師也來搶關，兩邊伏弩齊發，一弩發十矢——乃武侯臨終時所遺「連弩」之法也。正是：難支此日三軍敗，獨賴當年十矢傳。未知司馬師性命如何，且看下文分解。

———————

① 體訪——仔細訪問。

② 白駒過隙——白駒是駿馬，隙是洞孔；白駒過隙，是說馬從洞孔前面一下就跑過去了；比喻時間過得很快。

第一百八回　丁奉雪中奮短兵　孫峻席間施密計

卻說姜維正走，遇着司馬師引兵攔截：原來姜維取雍州之時，郭淮飛報入朝；魏主與司馬懿商議停當；懿遣長子司馬師引兵五萬，前來雍州助戰；師聽知郭淮敵退蜀兵，師料蜀兵勢弱，就來半路擊之；直趕到陽平關，卻被姜維用武侯所傳連弩法，於兩邊暗伏連弩百餘張，一弩發十矢，皆是藥箭。兩邊弩箭齊發，前軍連人帶馬射死不知其數。司馬師於亂軍之中，逃命而回。

卻說麴山城中蜀將句安，見援兵不至，乃開門降魏。姜維折兵數萬，領敗兵回漢中屯紮。司馬師自還洛陽。至嘉平三年秋八月，司馬懿染病，漸漸沈重，乃喚二子至榻前囑曰：「吾事魏歷年，官授太傅，人臣之位極矣；人皆疑吾有異志，吾嘗懷恐懼。吾死之後，汝二人善理國政：慎之！慎之！」言訖而亡。長子司馬師，次子司馬昭，二人申奏魏主曹芳。芳厚加祭葬，優錫贈諡；封師為大將軍，總領尚書機密大事，昭為驃騎上將軍。

卻說吳主孫權，先有太子孫登，乃徐夫人所生，於吳赤烏四年身亡，遂立次子孫和為太子，乃瑯琊王夫人所生。和因與全公主不睦，被公主所譖，權廢之。和憂恨而死。又立三子孫亮為太子，乃潘夫人所生。此時陸遜、諸葛瑾皆亡，一應大小事務，皆歸於諸葛恪。太元元年秋八月初一日，忽起大風，江海湧濤，平地水深八尺。吳主先陵所種松柏，盡皆拔起，直飛到建業城南門外，倒插於道上。權因此受驚成病。至次年四月內，病勢沈重，乃召太傅諸葛恪、大司馬呂岱至榻前，囑以後事。囑訖而薨。在位二十四年，壽七十一歲：乃蜀漢延熙十五年也。後人有詩曰：

紫髯碧眼號英雄，能使臣僚肯盡忠。二十四年興大業，龍盤虎踞在江東。

孫權既亡，諸葛恪立孫亮為帝，大赦天下，改元建興元年；謚權曰大皇帝，葬於蔣陵。早有細作探知其事，報入洛陽。司馬師聞孫權已死，遂議起兵伐吳。尚書傅嘏曰：「吳有長江之險，先帝屢次征伐，皆不遂意；不如各守邊疆，乃為上策。」師曰：「天道三十年一變，豈得常為鼎峙乎？吾欲伐吳。」昭曰：「今孫權新亡，孫亮幼懦，其隙正可乘也。」遂令征南大將軍王昶引兵十萬攻南郡；，征東將軍胡遵引兵十萬攻東興，鎮南都督毋丘儉引兵十萬攻武昌：三路進發。又遣弟司馬昭為大都督，總領三路軍馬。是年冬十二月，司馬昭兵至東吳邊界，屯住人馬，喚王昶、胡遵、毋丘儉到帳中計議曰：「東吳最緊要處，惟東興郡也。今他築起大堤，左右又築兩城，以防巢湖後面攻擊，諸公須要仔細。」遂令王昶、毋丘儉各引一萬兵，列在左右：「且勿進發；待取了東興郡，那時一齊進兵。」昶、儉二人受令而去。昭又令胡遵為先鋒，總領三路兵前去：「先搭浮橋，取東興大堤；若奪得左右二城，便是大功。」遵領兵來搭浮橋。

却說吳太傅諸葛恪，聽知魏兵三路而來，聚衆商議。平北將軍丁奉曰：「東興乃東吳緊要處所，若有失，則南郡、武昌危矣。」恪曰：「此論正合吾意。公可就引三千水兵從江中去，吾隨後令呂據、唐咨、留贊各引一萬馬步兵，分三路來接應。但聽連珠礮響，一齊進兵——吾自引大兵後至。」丁奉得令，即引三千水兵，分作三十隻船，望東興而來。

卻說胡遵渡過浮橋，屯軍於堤上，差桓嘉、韓綜攻打二城。左城中乃吳將全端守把，右城中乃吳將留略守把。此二城高峻堅固，急切攻打不下。全、留二人見魏兵勢大，不敢出戰，死守城池。胡遵在徐塘下寨。時值嚴寒，天降大雪，胡遵與衆將設席高會。忽報水上有三十隻戰船來到。遵出寨視之，見船將次傍岸，每船上約有百人。遂還帳中，謂諸將曰：「不過三千人耳，何足懼哉！」只令部將哨探，仍前飲酒。丁奉將船一字兒拋在水上，乃謂部將曰：「大丈夫立功名，取富貴，正在今日！」遂令衆軍脫去衣甲，卸了頭盔，不用長鎗大戟，止帶短刀。魏兵見之大笑，更不準備。忽然連珠礮響了三聲，丁奉扯刀當先，一躍上岸。衆軍皆拔短刀，隨奉上岸，砍入魏寨。魏兵措手不及，韓綜急拔帳前大戟迎之，早被丁奉搶入懷內，手起刀落，砍翻在地。桓嘉從左邊轉出，忙綽鎗刺丁奉，被奉挾住鎗桿。嘉棄鎗而走，奉一刀飛去，正中左肩，嘉望後便倒。奉趕上，就以鎗刺之。三千吳兵，在魏寨中左衝右突。胡遵急上馬奪路而走。魏兵齊奔上浮橋，浮橋己斷，大半落水而死；殺倒在雪地者，不知其數。車仗馬匹軍器，皆被吳兵所獲。司馬昭、王昶、毌丘儉聽知東興兵敗，亦勒兵而退。

卻說諸葛恪引兵至東興，收兵賞勞了畢，乃聚諸將曰：「司馬昭兵敗北歸，正好乘勢進取中原。」遂一面遣人齎書入蜀，求姜維進兵攻其北，許以平分天下；一面起大兵二十萬，來伐中原。臨行時，忽見一道白氣，從地而起，遮斷三軍，對面不見。蔣延曰：「此氣乃白虹也，主喪兵之兆。太傅只可回朝，不可伐魏。」恪大怒曰：「汝安敢出不利之言，以慢吾軍心！」叱武士斬之。衆皆告免，恪乃貶蔣延為庶人。仍催兵前進。丁奉曰：「魏以新城為總隘口，若先取得此城，司馬昭破膽矣。」恪大喜，即趲兵直至新城。守城牙門將軍張特，見吳兵大至，閉門堅守，恪令兵四面圍定。早有流星馬報入洛陽。主簿虞松告司馬師曰：「今諸葛恪困新城，且未可與戰：吳兵遠來，人多糧少，糧盡自走矣。待其將走，然後擊之，必得全勝——但恐蜀兵犯境，不可不防。」師然其言，遂令司馬昭引一軍助郭淮防姜維；毌丘儉、胡遵拒住吳兵。

卻說諸葛恪連月攻打新城不下，下令衆將：「併力攻城，怠慢者立斬。」於是諸將奮力攻打，城東北角將陷。

張特在城中定下一計：乃令一舌辯之士，齎捧冊籍，赴吳寨見諸葛恪，告曰：「魏國之法：若敵人困城，守城將堅守一百日，而無救兵至，然後出城降敵者，家族不坐罪。今將軍圍城已九十餘日；望乞再容數日，某主將盡率軍民出城投降——今先具冊籍呈上。」恪深信之，收了軍馬，遂不攻城。原來張特用緩兵之計，哄退吳兵，遂拆城中房屋，於破城處，修補完備，乃登城大罵曰：「吾城中尚有半年之糧，豈肯降吳狗耶！儘戰無妨！」恪大怒，催兵攻城。城下亂箭射下。恪額上正中一箭，翻身落馬。諸將救起還寨，金瘡舉發。衆軍皆無戰心；又因天氣亢炎，軍士多病。恪金瘡稍可，欲催兵攻城。營吏告曰：「人人皆病，安能戰乎？」恪大怒曰：「再說病者斬之！」衆軍聞知，逃者無數。忽報都督蔡林引本部軍投魏去了。恪大驚，自乘馬遍視各營，果見軍士面色黃腫，各帶病容。遂勒兵還吳。早有細作報知毋丘儉。儉盡起大兵，隨後掩殺。吳兵大敗而歸。恪甚羞慚，託病不朝。吳主孫亮，自幸其宅問安。文武官僚，皆來拜見。恪恐人議論，先搜求衆官將過失，輕則發遣邊方，重則斬首示衆。於是內外官僚，無不悚懼。又令心腹將張約、朱恩管御林軍，以為牙爪。

卻說孫峻字子遠，乃孫堅弟孫靜曾孫，孫恭之子也。孫權存日，甚愛之，命掌御林軍馬。今聞諸葛恪令張約、朱恩二人掌御林軍，奪其權，心中大怒。太常卿滕胤，素與諸葛恪有隙，乃乘間說峻曰：「諸葛恪專權恣虐，殺害公卿，將有不臣之心。公係宗室，何不早圖之？」峻曰：「我有是心久矣。今當即奏天子，請旨誅之。」

於是孫峻、滕胤入見吳主孫亮，密奏其事。亮曰：「朕見此人，亦甚恐怖；常欲除之，未得其便。今卿等果有忠義，可密圖之。」胤曰：「陛下可設席召恪，暗伏武士於壁衣中，擲盃為號，就席間殺之：以絕後患。」亮從之。

卻說諸葛恪自兵敗回朝，託病居家，心神恍惚。一日偶出中堂，忽見一人穿麻挂孝而入。恪叱問之，其人大驚無措。恪令拏下拷問，其人告曰：「某因新喪父親，入城請僧追薦；初見是寺院而入，卻不想是太傅之府－－卻怎生來到此處也！」恪大怒，召守門軍士問之。軍士告曰：

「某等數十人，皆荷戈把門，未嘗暫離，並不見一人入來。」恪大怒，盡數斬之。是夜恪睡臥不安，忽聽得正堂中聲響如霹靂。恪自出視之，見中梁折為兩段。恪驚歸寢室，忽然一陣陰風起處，見所殺披麻人與守門軍士數十人，各提頭索命。恪驚倒在地，良久方甦。次早洗面，聞水甚血臭。恪叱侍婢，連換數十盆，皆臭無異。恪正驚疑間，忽報天子有使至，宣太傅赴宴。恪令安排車仗。方欲出府，有黃犬啣住衣服，嚶嚶作聲，如哭之狀。恪怒曰：「犬戲我也？」叱左右逐去之，遂乘車出府。行不數步，見車前一道白虹，自地而起，如白練沖天而去。恪甚驚怪。心腹將張約進車前密告曰：「今日宮中設宴，未知好歹，主公不可輕入。」恪聽罷，便令回車。行不到十餘步，孫峻、滕胤乘馬至車前曰：「太傅何故便回？」恪曰：「吾忽然腹痛，不可見天子。」胤曰：「朝廷為太傅軍回，不曾面敍，故特設宴相召，兼議大事。太傅雖感貴恙，還當勉強一行。」恪從其言，遂同孫峻、滕胤入宮－－張約亦隨入。恪見吳主孫亮，施禮畢，就席而坐。亮命進酒，恪心疑，辭曰：「病軀不勝盃酌。」孫峻曰：「太傅府中常服藥酒，可取飲乎？」恪曰：「可也。」遂令從人回府取自製藥酒到，恪方纔放心飲之。酒至數巡，吳主孫亮託事先起。孫峻下殿，脫了長服，着短衣，內披環甲，手提利刃，上殿大呼曰：「天子有詔誅逆賊！」諸葛恪大驚，擲盃於地，欲拔劍迎之，頭已落地。張約見峻斬恪，揮刀來迎。峻急閃過，刀尖傷其左指。峻轉身一刀，砍中張約右臂。武士一齊擁出，砍倒張約，剁為肉泥。孫峻一面令武士收恪家眷，一面令人將張約并諸葛恪屍首，用蘆蓆包裹，以小車載出，棄於城南門外石子崗亂塚坑內。

却說諸葛恪之妻，正在房中，心神恍惚，動止不寧。忽一婢女入房，恪妻問曰：「汝遍身如何血臭？」其婢忽然反目切齒，飛身跳躍，頭撞屋梁，口中大叫：「吾乃諸葛恪也！被奸賊孫峻謀殺！」恪合家老幼，驚惶號哭。不一時，軍馬至，圍住府第，將恪全家老幼，俱縛至市曹斬首：時吳建興二年冬十月也。昔諸葛瑾在日，見恪聰明盡顯於外，歎曰：「此子非保家之主也！」又魏光祿大夫張緝，曾對司馬師曰：「諸葛恪不久死矣！」師問其故，緝曰：「威震其主，何能久乎？」至此果中其言。却說孫峻殺了諸葛恪，吳主孫亮封峻為丞相大將軍富春侯，總督中外諸軍事。自此權柄盡歸孫峻矣。

　　且說姜維在成都，接得諸葛恪書，欲求相助伐魏，遂入朝，奏准後主，復起大兵，北伐中原。正是：一度興師未奏績，兩番討賊欲成功。未知勝負如何，且看下文分解。

第一百九回　困司馬漢將奇謀　廢曹芳魏家果報

蜀漢延熙十六年秋，將軍姜維起兵二十萬，令廖化、張翼為左右先鋒，夏侯霸為參謀，張嶷為運糧使，大兵出陽平關伐魏。維與夏侯霸商議曰：「向取雍州，不克而還；今若再出，必又有準備。公有何高見？」霸曰：「隴上諸郡，只有南安錢糧最廣；若先取之，足可為本。向者不克而還，蓋因羌兵不至。今可先遣人會羌人於隴右，然後進兵出石營，從董亭直取南安。」維大喜曰：「公言甚妙！」遂遣郤正為使，齎金珠蜀錦入羌，結好羌王。羌王迷當，得了禮物，便起兵五萬，令羌將俄何燒戈為大先鋒，引兵南安來。

魏左將軍郭淮聞報，飛奏洛陽。司馬師問諸將曰：「誰敢去敵蜀兵？」輔國將軍徐質曰：「某願往。」師昔知徐質英勇過人，心中大喜，即令徐質為先鋒，令司馬昭為大都督，領兵望隴西進發。軍至董亭，正遇姜維，兩軍列成陣勢。徐質使開山大斧，出馬挑戰。蜀陣中廖化出迎。戰不數合，化拖刀敗回，張翼縱馬挺鎗而迎；戰不數合，又敗入陣。徐質驅兵掩殺，蜀兵大敗，退三十餘里。司馬昭亦收兵回，各自下寨。

姜維與夏侯霸商議曰：「徐質勇甚，當以何策擒之？」霸曰：「來日詐敗，以埋伏之計勝之。」維曰：「司馬昭乃仲達之子，豈不知兵法？若見地勢掩映①，必不肯追。吾見魏兵累次斷吾糧道，今却用此計誘之，可斬徐質矣。」遂喚廖化分付如此如此，又喚張翼分付如此如此：二人領兵去了。一面令軍士於路撒下鐵蒺藜，寨外多排鹿角，示以久計。

徐質連日引兵搦戰，蜀兵不出。哨馬報司馬昭說：「蜀兵在鐵籠山後，用木牛流馬搬運糧草，以為久計，只待羌兵策應。」昭喚徐質曰：「昔日所以勝蜀者，因斷彼糧道也：今蜀兵在鐵籠山後運糧，汝今夜引兵五千，斷其糧道，蜀兵自退矣。」徐質領令，初更時分，引兵望鐵籠山來，果見蜀兵二百餘人，驅百餘頭木牛流馬，裝載糧草而行。魏兵一聲喊起，徐質當先攔住。蜀兵盡棄糧草而走。質分兵一半，押送糧草回寨；自引兵一半追來。追不到十里，前面車仗橫截去路。質令軍士下馬拆開車仗，只見兩邊忽然火起。質急勒馬回走，後面山僻窄狹處，亦有車仗截路，火光迸起。質等冒煙突火，縱馬而出。一聲礮響，兩路兵殺來：左有廖化，右有張翼，大殺一陣，魏兵大敗。徐質奮死隻身而走，人困馬乏。

正奔走間，前面一枝兵殺到：乃姜維也。質大驚無措；被維一鎗刺倒坐下馬，徐質跌下馬來，被衆軍亂刀砍死。質所分一半押糧兵，亦被夏侯霸所擒，盡降其衆。霸將魏兵衣甲馬匹，令蜀兵穿了，就令騎坐，打着魏軍旗號，從小路逕奔回魏寨來。魏軍見本部兵回，開門放入，蜀兵就寨中殺起。司馬昭大驚，慌忙上馬走時，前面廖化殺來。昭不能前進，急退時，姜維引兵從小路殺到。昭四下無路，只得勒兵上鐵籠山據守：原來此山只有一條路，四下皆險峻難上；其上惟有一泉，止彀百人之飲——此時昭手下有六千人，被姜維絕其路口，山上泉水不敷，人馬枯渴。昭仰天長歎曰：「吾死於此地矣！」後人有詩曰：

妙算姜維不等閒，魏師受困鐵籠間：龐涓始入馬陵道，項羽初圍九里山。

主簿王韜曰：「昔日耿恭受困，拜井而得甘泉：將軍何不效之？」昭從其言，遂上山頂泉邊，再拜而祝曰：「昭奉詔來退蜀兵，若昭合死，令甘泉枯竭，昭自當刎頸，教部軍盡降；如壽祿未終，願蒼天早賜甘泉，以活衆命！」祝畢，泉水湧出，取之不竭；因此人馬不死。

却說姜維在山下困住魏兵，謂衆將曰：「昔日丞相在上方谷，不曾捉住司馬懿，吾深為恨；今司馬昭必被吾擒矣。」

却說郭淮聽知司馬昭困於鐵籠山上，欲提兵來。陳泰曰：「姜維會合羌兵，欲先取南安。今羌兵已到，將軍若撤兵去救，羌兵必乘虛襲我後也。可先令人詐降羌人，於中取事：若退了此兵，方可救鐵籠之圍。」郭淮從之，遂令陳泰引五千兵，逕到羌王寨內，解甲而入，泣拜曰：「郭淮妄自尊大，常有殺泰之心，故來投降。郭淮軍中虛實，某俱知之。只今夜願引一軍前去劫寨。便可成功。如兵到魏寨，自有內應。」迷當大喜，遂令俄何燒戈同陳泰來劫魏寨。俄何燒戈教泰降兵在後，令泰引羌兵為前部。是夜二更，竟到魏寨，寨門大開。陳泰一騎馬先入。俄何燒戈驟馬挺鎗入寨之時，只叫得一聲苦，連人帶馬，跌在陷坑裏。陳泰從後面殺來，郭淮從左邊殺來，羌兵大亂，自相踐踏，死者無數，生者盡降。俄何燒戈自刎而死。郭淮、陳泰，引兵直殺到羌人寨中，迷當大王急出帳上馬時，被魏兵生擒活捉，來見郭淮。淮慌下馬，親去其縛，用好言撫慰曰：「朝廷素以公為忠義，今何故助蜀人也？」迷當慚愧伏罪。淮乃說迷當曰：「公今為前部，去解鐵籠山之圍，退了蜀兵，吾奏准天子，自有厚賜。」

迷當從之，遂引羌兵在前，魏兵在後，逕奔鐵籠山。時值三更，先令人報知姜維。維大喜，教請入相見。魏兵多半雜在羌人部內；行到蜀寨前，維令大兵皆在寨外屯紮，迷當引百餘人到中軍帳前。姜維、夏侯霸二人出迎。魏將不等迷當開言，就從背後殺將起來。維大驚，急上馬而走。羌、魏之兵，一齊殺入。蜀兵四分五落，各自逃生。維手無器械，腰間止有一副弓箭，走得慌忙，箭皆落了，只有空壺。維望山中而走，背後郭淮引兵趕來；見維手無寸鐵，乃驟馬挺鎗追之。看看至近，維虛拽弓弦，連響十餘次。淮連躲數番，不見箭到，知維無箭，乃挂住鋼鎗，拈弓搭箭射之。維急閃過，順手接了，就扣在弓弦上；待淮追近，望面門上儘力射去，淮應弦落馬。維勒回馬來殺郭淮，魏軍驟至。維下手不及，只掣得淮鎗而去。魏兵不敢追趕，急救淮歸寨，拔出箭頭，血流不止而死。司馬昭下山引兵追趕，半途而回。夏侯霸隨後逃至，與姜維一齊奔走。維折了許多人馬，一路收紮不住，自回漢中：雖然兵敗，卻射死郭淮，殺死徐質，挫動魏國之威，將功補罪。

卻說司馬昭犒勞羌兵，發遣回國去訖，班師回洛陽，與兄司馬師專制朝權，羣臣莫敢不服。魏主曹芳每見師入朝，戰慄不已，如針刺背。一日，芳設朝，見師挂劍上殿，慌忙下榻迎之。師笑曰：「豈有君迎臣之禮也？請陛下穩便。」須臾，羣臣奏事，司馬師俱自剖斷，並不啟奏魏主。少時師退，昂然下殿，乘車出內，前遮後擁，不下數千人馬，芳退入後殿，顧左右止有三人：乃太常夏侯玄，中書令李豐，光祿大夫張緝——緝乃張皇后之父，曹芳之皇丈也。芳叱退近侍，同三人至密室商議。芳執張緝之手而哭曰：「司馬師視朕如小兒，覷百官如草芥，社稷早晚必歸此人矣！」言訖大哭。李豐奏曰：「陛下勿憂：臣雖不才，願以陛下之明詔，聚四方之英傑，以剿此賊。」夏侯玄奏曰：「臣兄夏侯霸降蜀，因懼司馬兄弟謀害故耳。今若剿除此賊，臣兄必回也。臣乃國家舊戚，安敢坐視奸賊亂國？願同奉詔討之。」芳曰：「但恐不能耳。」三人哭奏曰：「臣等誓當同心討賊，以報陛下！」芳脫下龍鳳汗衫，咬破指尖，寫了血詔，授與張緝，乃囑曰：「朕祖武皇帝誅董承，蓋為機事不密也。卿等須謹細，勿泄於外。」豐曰：「陛下何出此不利之言？臣等非董承之輩，司馬師安比武祖也？陛下勿疑。」三人辭出，至東華門左側，正見司馬師帶劍而來，從者數百人，皆持兵器。三人立於道傍。師問曰：「汝三人退朝何遲？」李豐曰：「聖上在內廷觀書，我三人侍讀故耳。」師曰：「所看何書？」豐曰：「乃夏、商、周三代之書也。」師曰：「上見此書，問何故事？」豐曰：「天子所問：伊尹扶商、周公攝政之事；我等皆奏曰：『今司馬大將軍，卽伊尹、周公也。』」師冷笑曰：「汝等豈將吾比伊尹、周公！其心實指吾為王莽、董卓！」三人皆曰：「我等皆將軍門下之人，安敢如此？」師大怒曰：「汝等乃口諛②之人！適間與天子在密室中所哭何事？」三人曰：「實無此狀。」師叱曰：「汝三人淚眼尚紅，如何抵賴！」夏侯玄知事已泄，乃厲聲大罵曰：「吾等所哭者，為汝威震其主，將謀篡逆耳！」師大怒，叱武士捉夏侯玄。玄揎拳裸袖，逕擊司馬師，却被武士擒住。師令將各人搜檢，於張緝身畔搜出一龍鳳汗衫，上有血字。左右呈與司馬師。師視之，乃密詔也。詔曰：

司馬師兄弟，共持大權，將圖篡逆。所行詔制，皆非朕意。各部官兵將士，可同仗忠義，討滅賊臣，匡扶社稷。功成之日，重加爵賞。

司馬師看畢，勃然大怒曰：「原來汝等正欲謀害吾兄弟！情理難容！」遂令將三人腰斬於市，滅其三族。三人罵不絕口。比臨東市中，牙齒盡被打落，各人含糊數罵而死。師直入後宮。魏主曹芳正與張皇后商議此事。皇后曰：「內廷耳目頗多，倘事泄露，必累妾矣！」

正言間，忽見師入，皇后大驚。師按劍謂芳曰：「臣父立陛下為君，功德不在周公之下；臣事陛下，亦與伊尹何別乎？今反以恩為讎，以功為過，欲與二三小臣，謀害臣兄弟，何也？」芳曰：「朕無此心。」師袖中取出汗衫，擲之於地曰：「此誰人所作耶？」芳魂飛天外，魄散九霄，戰慄而答曰：「此皆為他人所逼故也。朕豈敢興此心？」師曰：「妄誣大臣造反，當加何罪？」芳跪告曰：「朕合有罪，望大將軍恕之！」師曰：「陛下請起：國法未可廢也。」乃指張皇后曰：「此是張緝之女，理當除之！」芳大哭求免，師不從，叱左右將張后捉出，至東華門內，用白練絞死。後人有詩曰：

當年伏后出宮門，跣足哀號別至尊。司馬今朝依此例，天教還報在兒孫。

次日，司馬師大會羣臣曰：「今主上荒淫無道，褻近娼優，聽信讒言，閉塞賢路：其罪甚於漢之昌邑，不能主天下。吾謹按伊尹、霍光之法，別立新君，以保社稷，以安天下，如何？」衆皆應曰：「大將軍行伊、霍之事，所謂應天順人，誰敢違命？」師遂同多官入永寧宮，奏聞太后。太后曰：「大將軍欲立何人為君？」師曰：「臣觀彭城王曹據，聰明仁孝：可以為天下之主。」太后曰：「彭城王乃老身之叔，今立為君，我何以當之？今有高貴鄉公曹髦，乃文皇帝之孫：此人溫恭克讓，可以立之。卿等大臣，從長計議。」一人奏曰：「太后之言是也。便可立之。」衆視之，乃司馬師宗叔司馬孚也。師遂遣使往元城召高貴鄉公；請太后升太極殿，召芳責之曰：「汝荒淫無度，褻近娼優，不可承天下；當納下璽綬，復齊王之爵，目下起程，非宣召不許入朝。」芳泣拜太后，納了國寶，乘王車大哭而去。只有數員忠義之臣，含淚而送。後人有詩曰：

昔日曹瞞相漢時，欺他寡婦與孤兒。誰知四十餘年後，寡婦孤兒亦被欺。

却說高貴鄉公曹髦，字彥士，乃文帝之孫，東海定王霖之子也。當日司馬師以太后命宣至，文武官僚，備鑾駕於西掖門外拜迎。髦慌忙答禮。太尉王肅曰：「主上不當答禮。」髦曰：「吾亦人臣也，安得不答禮乎？」文武扶髦上輦入宮，髦辭曰：「太后詔命，不知為何，吾安敢乘輦而入？」遂步行至太極東堂。司馬師迎着，髦先下拜，師急扶起。問候已畢，引見太后。后曰：「吾見汝年幼時，有帝王之相；汝今可為天下之主：務須恭儉節用，布德施仁，勿辱先帝也。」髦再三謙辭。師令文武請髦出太極殿，是日立為新君，改嘉平六年為正元元年，大赦天下，假大將軍司馬師黃鉞，入朝不趨，奏事不名，帶劍上殿。文武百官，各有封賜。

正元二年春正月，有細作飛報，說鎮東將軍毋丘儉、揚州刺史文欽，以廢主為名，起兵前來。司馬師大驚。正是：漢臣曾有勤王志，魏將還興討賊師。未知如何迎敵，且看下文分解。

——————

① 掩映——重重疊疊，參差交錯的意思。

② 口諛——拍馬屁。

第一百十回　文鴦單騎退雄兵　姜維背水破大敵

　　却說魏正元二年正月，揚州刺史鎮東將軍領淮南軍馬毋丘儉－－字仲聞，河南聞喜人也－－聞司馬師擅行廢立之事，心中憤怒。長子毋丘甸曰：「父親官居方面①：司馬師專權廢主，國家有累卵之危，安可晏然自守？」儉曰：「吾兒之言是也。」遂請刺史文欽商議。欽乃曹爽門下客；當日聞儉相請，即來拜謁。儉邀入後堂，禮畢；說話間，儉流淚不止。欽問其故。儉曰：「司馬師專權廢主，天地反覆，安得不傷心乎？」欽曰：「都督鎮守方面，若肯仗義討賊，欽願捨死相助。欽中子文淑，小字阿鴦，有萬夫不當之勇，常欲殺司馬師兄弟，與曹爽報讎：今可令為先鋒。」儉大喜，其時酹酒為誓。二人詐稱太后有密詔，令淮南大小官兵將士，皆入壽春城，立一壇於西，宰白馬歃血為盟，宣言司馬師大逆不道，今奉太后密詔，令盡起淮南軍馬，仗義討賊。衆皆悅服。儉提六萬兵，屯於項城。文欽領兵二萬在外為遊兵，往來接應。儉移檄諸郡，令各起兵相助。

卻說司馬師左眼肉瘤，不時痛癢，乃命醫官割之，以藥封閉，連日在府養病；必聞淮南告急，乃請太尉王肅商議。肅曰：「昔關雲長威震華夏，孫權令呂蒙襲取荊州，撫恤將士家屬，因此關公軍勢瓦解。今淮南將士家屬，皆在中原，可急撫恤，更以兵斷其歸路，必有土崩之勢矣。」師曰：「公言極善。但吾新割目瘤，不能自往——若使他人，心又不穩。」時中書侍郎鍾會在側，進言曰：「淮楚兵強，其鋒甚銳；若遣人領兵去退，多是不利。倘有疎虞，則大事廢矣。」師蹶然②起曰：「非吾自往，不可破賊！」遂留弟司馬昭守洛陽，總攝朝政。師乘輭輿，帶病東行。令鎮東將軍諸葛誕，總督豫州諸軍，從安風津取壽春；又令征東將軍胡遵，領青州諸軍，出譙、宋之地，絕其歸路；又遣荊州刺史監軍王基，領前部兵，先取鎮南之地。師領大軍屯於襄陽，聚文武於帳下商議。光祿勳鄭袤曰：「毋丘儉好謀而無斷，文欽有勇而無智。今大軍出其不意。江、淮之卒，銳氣正盛，不可輕敵；只宜深溝高壘，以挫其銳——此亞夫之長策也。」監軍王基曰：「不可：淮南之反，非軍民思亂也；皆因毋丘儉勢力所逼，不得已而從之。若大軍一臨，必然瓦解。」師曰：「此言甚妙。」遂進兵於（氵隱）水之上，中軍屯於（氵隱）橋。基曰：「南頓極好屯兵，可提兵星夜取之：若遲則毋丘儉必先至矣。」師遂令王基前部兵來南頓城下寨。

却說毋丘儉在項城，聞知司馬師自來，乃聚衆商議。先鋒葛雍曰：「南頓之地，依山傍水，極好屯兵；若魏兵先占，難以驅遣，可速取之。」儉從其言，起兵投南頓來。正行之間，前面流星馬報說，南頓已有人馬下寨。儉不信，自到軍前視之：果然旌旗遍野，營寨齊整。儉回到軍中，無計可施。忽哨馬飛報：「東吳孫峻提兵渡江襲壽春來了。」儉大驚曰：「壽春若失，吾歸何處！」是夜退兵於項城。

司馬師見毋丘儉軍退，聚多官商議。尚書傅嘏曰：「今儉兵退者，憂吳人襲壽春也－－必回項城分兵拒守。將軍可令一軍取樂嘉城，一軍取項城，一軍取壽春：則淮南之卒必退矣。兗州刺史鄧艾，足智多謀；若領兵逕取樂嘉，更以重兵應之，破賊不難也。」師從之，急遣使持檄文，教鄧艾起兗州之兵破樂嘉城，師隨後引兵到彼會合。

却說毋兵儉在項城，不時差人去樂嘉城哨探，只恐有兵來。請文欽到營共議，欽曰：「都督勿憂：我與拙子文鴦，只消五千兵，敢保樂嘉城。」儉大喜。欽父子引五千兵投樂嘉來。前軍報說：「樂嘉城西，皆是魏兵，約有萬餘。遙望中軍：白旄黃鉞，皂蓋朱旛，簇擁虎帳，內豎立一面錦繡帥字旗，此必司馬師也——安立營寨，尚未完備。」時文鴦懸鞭立於父側，聞知此語，乃告父曰：「趁彼營寨未成，可分兵兩路，左右擊之，可全勝也。」欽曰：「何時可去？」鴦曰：「今夜黃昏，父引二千五百兵，從城南殺來；兒引二千五百兵，從城北殺來：三更時分，要在魏寨會合。」欽從之，當晚分兵兩路。且說文鴦年方十八歲：身長八尺，全裝慣甲，腰懸鋼鞭，綽鎗上馬，遙望魏寨而進。

是夜司馬師兵到樂嘉，立下營寨，等鄧艾未至。師為眼下新割肉瘤，瘡口疼痛，臥於帳中，令數百甲士環立護衛。三更時分，忽然寨內喊聲大震，人馬大亂。師急問之，人報曰：「一軍從寨北斬圍直入，為首一將，勇不可當！」師大驚，心如火烈，眼珠從肉瘤瘡口內迸出，血流遍地，疼痛難當；又恐有亂軍心，只咬被頭而忍——被皆咬爛。原來文鴦軍馬先到，一擁而進，在寨中左衝右突；所到之處，人不敢當，有相拒者，鎗搠鞭打，無不被殺。鴦只望父到，以為外應：並不見來。數番殺到中軍，皆被弓弩射回。鴦直殺到天明，只聽得北邊鼓角喧天。鴦回顧從者曰：「父親不在南面為應，却從北至，何也？」鴦縱馬看時，只見一軍行如猛風：為首一將，乃鄧艾也，躍馬橫刀，大呼曰：「反賊休走！」鴦大怒，挺鎗迎之。戰有五十合，不分勝敗。正鬥間，魏兵大進，前後夾攻。鴦部下兵各自逃散，只文鴦單人獨馬，衝開魏兵，望南而走。背後數百員魏將，抖擻精神，驟馬追來；將至樂嘉橋邊，看看趕上。鴦忽然勒回馬大喝一聲，直衝入魏將陣中來；鋼鞭起處：紛紛落馬，各自倒退。鴦復緩緩而行。魏將聚在一處，驚訝曰：「此人尚敢退我等之衆耶－－可併力追之！」於是魏將百員，復來追趕。鴦勃然大怒曰：「鼠輩何不惜命也！」提鞭撥馬，殺入魏將叢中，用鞭打死數人，復回馬緩轡而行。魏將連追四五番，皆被文鴦一人殺退。後人有詩曰：

　　長坂當年獨拒曹，子龍從此顯英豪。樂嘉城內爭鋒處，又見文鴦膽氣高。

原來文欽被山路崎嶇，迷入谷中；行了半夜，比及尋路而出，天色已曉：文鴦人馬不知所向；只見魏兵大勝。欽不戰而退。魏兵乘勢追殺，欽引兵望壽春而走。

却說魏殿中校尉尹大目，乃曹爽心腹之人——因爽被司馬懿謀殺，故事司馬師，常有殺師報爽之心；又素與文欽交厚——今見師眼瘤突出，不能動止，乃入帳告曰：「文欽本無反心，今被毋丘儉逼迫，以致如此。某去說之，必然來降。」師從之。大目頂盔擐甲，乘馬來趕文欽；看看趕上，乃高聲大叫曰：「文刺史見尹大目麼？」欽回頭視之，大目除盔放在鞍鞽之前，以鞭指曰：「文刺史何不忍耐數日也？」——此是大目知師將亡，故來留欽。欽不解其意，厲聲大罵，便欲開弓射之。大目大哭而回。欽收聚人馬奔壽春時，已被諸葛誕引兵取了；欲復回項城時，胡遵、王基、鄧艾三路兵皆到。欽見勢危，遂投東吳孫峻去了。

却說毋丘儉在項城內，聽知壽春已失，文欽勢敗，城外三路兵到，儉遂盡撤城中之兵出戰。正與鄧艾相遇，儉令葛雍出馬，與艾交鋒，不一合，被艾一刀斬之，引兵殺過陣來。毋丘儉死戰相拒。江淮兵大亂。胡遵、王基，引兵四面夾攻。毋丘儉敵不住，引十餘騎奪路而走。前至愼縣城下，縣令宋白，開門迎入，設席待之。儉大醉，被宋白令人殺了，將頭獻與魏兵——於是淮南平定。

司馬師臥病不起，喚諸葛誕入帳，賜以印綬，加為征東大將軍，都督揚州諸路軍馬；一面班師回許昌。師目痛不止，每夜只見李豐、張緝、夏侯玄三人立於榻前。師心神恍惚，自料難保，遂令人往洛陽取司馬昭到。昭哭拜於牀下。師遺言曰：「吾今權重，雖欲卸肩，不可得也。汝繼我為之，大事切不可輕託他人，自取滅族之禍。」言訖，以印綬付之，淚流滿面。昭急欲問時，師大叫一聲，眼睛迸出而死：時正元二年二月也。於是司馬昭發喪，申奏魏主曹髦。髦遣使持詔到許昌，卽命暫留司馬昭屯軍許昌，以防東吳。昭心中猶豫未決。鍾會曰：「大將軍新亡，人心未定，將軍若留守於此，萬一朝廷有變，悔之何及？」昭從之，卽起兵還屯洛水之南。髦聞之大驚。太尉王肅奏曰：「昭旣繼其兄掌大權，陛下可封爵以安之。」髦遂令王肅持詔，封司馬昭為大將軍、錄尚書事。昭入朝謝恩畢：自此，中外大小事情，皆歸於昭。

卻說西蜀細作，哨知此事，報入成都。姜維奏後主曰：「司馬師新亡，司馬昭初握重權，必不敢擅離洛陽。臣請乘間伐魏，以復中原。」後主從之，遂命姜維興師伐魏。維到漢中，整頓人馬。征西大將軍張翼曰：「蜀地淺狹，錢糧淺薄，不宜遠征；不如據險守分，恤軍愛民：此乃保國之計也。」維曰：「不然：昔丞相未出茅廬，已定三分天下，然且六出祁山以圖中原；不幸半途而喪，以致功業未成。今吾既受丞相遺命，當盡忠報國以繼其志，雖死而無恨也。今魏有隙可乘，不就此時伐之，更待何時？」夏侯霸曰：「將軍之言是也。可將輕騎先出枹罕。若得洮西南安，則諸郡可定。」張翼曰：「向者不克而還，皆因軍出甚遲也。兵法云：『攻其無備，出其不意。』今若火速進兵，使魏人不能隄防，必然全勝矣。」

於是姜維引兵五萬，望枹罕進發。兵至洮水，守邊軍士報知雍州刺史王經、副將軍陳泰。王經先起馬步兵七萬來迎。姜維分付張翼如此如此，又分付夏侯霸如此如此：

二人領計去了，維乃自引大軍背洮水列陣。王經引數員牙將出而問曰：「魏與吳、蜀，已成鼎足之勢。汝累次入寇，何也？」維曰：「司馬師無故廢主，鄰邦理宜問罪，何況讎敵之國乎？」

經回顧張明、花永、劉達、朱芳四將曰：「蜀兵背水為陣，敗則皆沒於水矣。姜維驍勇，汝四將可戰之。彼若退動，便可追擊。」四將分左右而去，來戰姜維。維略戰數合，撥回馬望本陣中便走。王經大驅士馬，一齊趕來。維引兵望洮西而走；將次近水，大呼將士曰：「事急矣！諸將何不努力！」衆將一齊奮力殺回，魏兵大敗。張翼、夏侯霸抄在魏兵之後，分兩路殺來，把魏兵困在垓心。維奮武揚威，殺入魏軍之中，左衝右突，魏兵大亂，自相踐踏，死者大半，逼入洮水者無數，斬首萬餘，壘屍數里。王經引敗兵百騎，奮力殺出，逕往狄道城而走；奔入城中，閉門保守。姜維大獲全功，犒軍已畢，便欲進兵攻打狄道城。張翼諫曰：「將軍功績已成，威聲大震，可以止矣；今若前進，倘不如意，正如畫蛇添足也。」維曰：「不然：向者兵敗，尚欲進取，縱横中原；今日洮水一戰，魏人膽裂，吾料狄道唾手可得－－汝勿自墮其志也。」張翼再三勸諫，維不從，遂勒兵來取狄道城。

　　却說雍州征西將軍陳泰，正欲起兵與王經報兵敗之讎，忽兗州刺史鄧艾引兵到。泰接着，禮畢。艾曰：「今奉大將軍之命，特來助將軍破敵。」泰問計於鄧艾。艾曰：「洮水得勝，若招羌人之衆，東爭關隴，傳檄四郡：此吾兵之大患也——今彼不思如此，却圖狄道城：其城垣堅固，急切難攻，空勞兵費力耳。吾今陳兵於項嶺，然後進兵擊之，蜀兵必敗矣。」陳泰曰：「眞妙論也！」遂先撥二十隊兵：每隊五十人，盡帶旌旗、鼓角、烽火之類，日伏夜行，去狄道城東南高山深谷之中埋伏；只待兵來，一齊鳴鼓吹角為應，夜則舉火放礮以驚之。調度已畢，專候蜀兵到來。於是陳泰、鄧艾，各引二萬兵相繼而進。

　　却說姜維圍住狄道城，令兵八面攻之，連攻數日不下，心中鬱悶，無計可施。是日黃昏時分，忽三五次流星馬報說：「有兩路兵來，旗上明書大字：一路是征西將軍陳泰，一路是兗州刺史鄧艾。」維大驚，遂請夏侯霸商議。霸曰：「吾向嘗為將軍言：鄧艾自幼深明兵法，善曉地理。今領兵到，頗為勁敵。」維曰：「彼軍遠來，我休容他住脚，便可擊之。」乃留張翼攻城，命夏侯霸引兵迎陳泰。維自引兵來迎鄧艾。行不到五里，忽然東南一聲礮響，鼓角震地，火光沖天。維縱馬看時，只見周圍皆是魏兵旗號。維大驚曰：「中鄧艾之計矣！」遂傳令教夏侯霸、張翼各棄狄道而退。於是蜀兵皆退於漢中。維自斷後，只聽得背後鼓聲不絕——維退入劍閣之時，方知火鼓二十餘處，皆虛設也。維收兵退屯於鍾提。

且說後主因姜維有洮西之功，降詔封維為大將軍。維受了職，上表謝恩畢，再議出師伐魏之策。正是：成功不必添蛇足，討賊猶思奮虎威。未知此番北伐如何，且看下文分解。

——————

① 官居方面——作着總攬一個地區的軍政大權的官。

② 蹶然——突然而起的樣子。

第一百十一回　鄧士載智敗姜伯約　諸葛誕義討司馬昭

却說姜維退兵屯於鍾提，魏兵屯於狄道城外。王經迎接陳泰、鄧艾入城，拜謝解圍之事，設宴相待，大賞三軍。泰將鄧艾之功，申奏魏主曹髦。髦封艾為安西將軍，假節領護東羌校尉，同陳泰屯兵於雍、涼等處。鄧艾上表謝恩畢，陳泰設席與鄧艾拜賀曰：「姜維夜遁，其力已竭，不敢再出矣。」艾笑曰：「吾料蜀兵其必出有五。」泰問其故。艾曰：「蜀兵雖退，終有乘勝之勢；吾兵終有弱敗之實：其必出一也。蜀兵皆是孔明教演，精銳之兵，容易調遣；吾將不時更換，軍又訓練不熟：其必出二也。蜀人多以船行，吾軍皆在旱地，勞逸不同：其必出三也。狄道、隴西、南安、祁山四處，皆是守戰之地；蜀人或聲東擊西，指南攻北，吾兵必須分頭守把；蜀兵合為一處而來，以一分當我四分：其必出四也。若蜀兵自南安、隴西，則可取羌人之穀為食；若出祁山，則有麥可就食：其必出五也。」陳泰歎服曰：「公料敵如神，蜀兵何足慮哉！」於是陳泰與鄧艾結為忘年之交。艾遂將雍、涼等處之兵，每日操練；各處隘口，皆立營寨，以防不測。

　　却說姜維在鍾提大設筵宴，會集諸將，商議伐魏之事。令史樊建諫曰：「將軍屢出，未獲全功；今日洮西之戰，魏人既服威名，何故又欲出也？萬一不利，前功盡棄。」維曰：「汝等只知魏國地寬人廣，急不可得；却不知攻魏者有五可勝。」衆問之。維答曰：「彼洮西一敗，挫盡銳氣，吾兵雖退，不曾損折：今若進兵，一可勝也。吾兵船載而進，不致勞困，彼兵皆從旱地來迎：二可勝也。吾兵久經訓練之衆，彼皆烏合之徒，不曾有法度：三可勝也。吾兵自出祁山，抄掠秋穀為食：四可勝也。彼兵雖各守備，軍力分開，吾兵一處而去，彼安能救？五可勝也－－不在此時伐魏，更待何時耶？」夏侯霸曰：「艾年雖幼，而機謀深遠；近封為安西將軍之職，必於各處準備，非同往日矣。」維厲聲曰：「吾何畏彼哉！公等休長他人銳氣，滅自己威風！吾意已決，必先取隴西。」衆不敢諫。維自領前部，令衆將隨後而進。於是蜀兵盡離鍾提，殺奔祁山來。哨馬報說魏兵已先在祁山立下九個寨棚。維不信，引數騎凭高望之，果見祁山九寨勢如長蛇，首尾相顧。維回顧左右曰：「夏侯霸之言，信不誣矣。此寨形勢絕妙，止吾師諸葛丞相能之：今觀鄧艾所為，不在吾師之下。」遂回本寨，喚諸將曰：「魏人既有準備，必知吾來矣。吾料鄧艾必在此間。汝等可虛張吾旗號，據此谷口下寨，每日令百餘騎出哨。每出哨一回，換一番衣甲、旗號：按青、黃、赤、白、黑五方旗幟更換。吾却提大兵偷出董亭，逕襲南安去也。」遂令鮑素屯於祁山谷口。維盡率大兵，望南安進發。

却說鄧艾知蜀兵出祁山，早與陳泰下寨準備；見蜀兵連日不來搦戰，一日五番哨馬出寨，或十里或十五里而回。艾凭高望畢，慌入帳與陳泰曰：「姜維不在此間，必取董亭襲南安去了。出寨哨馬只是這幾匹，更換衣甲，往來哨探，其馬皆困乏，主將必無能者。陳將軍可引一軍攻之，其寨可破也。破了寨柵，便引兵襲董亭之路，先斷姜維之後。吾當先引一軍救南安，逕取武城山。若先占此山頭，姜維必取上邽。上邽有一谷，名曰段谷，地狹山險，正好埋伏。彼來爭武城山時，吾先伏兩軍於段谷，破維必矣。」泰曰：「吾守隴西二三十年，未嘗如此明察地理。公之所言，眞神算也。公可速去。吾自攻此處寨柵。」於是鄧艾引軍星夜倍道而行，逕到武城山；下寨已畢，蜀兵未到，即令子鄧忠，與帳前校尉師纂，各引五千兵，先去段谷埋伏，如此如此而行。二人受計而去。艾令偃旗息鼓，以待蜀兵。

却說姜維從董亭望南安而來，至武城山前，謂夏侯霸曰：「近南安有一山，名武城山；若先得了，可奪南安之勢。只恐鄧艾多謀，必先隄防。」正疑慮間，忽然山上一聲礮響，喊聲大震，鼓角齊鳴，旌旗遍豎，皆是魏兵：中央風飄起一黃旗，大書「鄧艾」字樣。蜀兵大驚。山上數處精兵殺下，勢不可當，前軍大敗。維急率中軍人馬去救時，魏兵已退。維直來武城山下搦鄧艾戰，山上魏兵並不下來。維令軍士辱罵，至晚，方欲退軍，山上鼓角齊鳴，却又不見魏兵下來。維欲上山衝殺，山上礮石甚嚴，不能得進。守至三更，欲回，山上鼓角又鳴。維移兵下山屯紮。比及令軍搬運木石，方欲豎立為寨，山上鼓角又來，魏兵驟至。蜀兵大亂，自相踐踏，退回舊寨。次日，姜維令軍士運糧草車仗，至武城山，穿連排定，欲立起寨柵，以為屯兵之計。是夜二更，鄧艾令五百人，各執火把，分兩路下山，放火燒車仗。兩兵混殺了一夜，營寨又立不成。維復引兵退，再與夏侯霸商議曰：「南安未得，不如先取上邽。上邽乃南安屯糧之所；若得上邽，南安自危矣。」遂留霸屯於武城山。維盡引精兵猛將，逕取上邽。行了一宿，將及天明，見山勢狹峻，道路崎嶇，乃問鄉導官曰：「此處何名？」答曰：「段谷。」維大驚曰：「其名不美：『段谷』者，『斷谷』也。倘有人斷其谷口，如之奈何？」正躊躇未決，忽前軍來報：「山後塵頭大起，必有伏兵。」維急令退兵：師纂、鄧忠，兩軍殺出。維且戰且走，前面喊聲大震，鄧艾引兵殺到：三路夾攻，蜀兵大敗。幸得夏侯霸引兵殺到，魏兵方退，救了姜維，欲再往祁山。霸曰：「祁山寨已被陳泰打破，鮑素陣亡，全寨人馬皆退回漢中去了。」維不敢取董亭，急投山僻小路而回。後面鄧艾急追，維令諸軍前進，自為斷後。正行之際，忽然山中一軍突出：乃魏將陳泰也。魏兵一聲喊起，將姜維因在垓心。維人馬困乏，左衝右突，不能得出。盪寇將軍張嶷，聞姜維受困，引數百騎殺入重圍，維因乘勢殺出。嶷被魏兵亂箭射死。維得脫重圍，復回漢中；因感張嶷忠勇，歿於王事，乃表贈其子孫。於是蜀中將士多有陣亡者，皆歸罪於姜維。維照武侯街亭舊例，乃上表自貶為後將軍，行大將軍事。

　　却說鄧艾見蜀兵退盡，乃與陳泰設宴相賀，大賞三軍。泰表鄧艾之功，司馬昭遣使持節，加艾官爵，賜印綬；並封其子鄧忠為亭侯。

　　時魏主曹髦，改正元三年為甘露元年。司馬昭自為天下兵馬大都督，出入常令三千鐵甲驍將前後簇擁，以為護衛；一應事務，不奏朝廷，就於相府裁處：自此常懷篡逆之心。有一心腹人姓賈，名充，字公閭，乃故建威將軍賈逵之子，為昭府下長史。充語昭曰：「今主公掌握大柄，四方人心必然未安；且當暗訪，然後徐圖大事。」昭曰：「吾正欲如此。汝可為我東行，只推慰勞出征軍士為名，以探消息。」賈充領命，逕到淮南，入見鎮東大將軍諸葛誕。誕字公休，乃瑯琊南陽人，即武侯之族弟也；向事於魏，因武侯在蜀為相，因此不得重用；後武侯身亡，誕在魏歷任重職，封高平侯，總攝兩淮軍馬。當日賈充託名勞軍，至淮南見諸葛誕。誕設宴待之。酒至半酣，充以言挑誕曰：「近來洛陽諸賢，皆以主上懦弱，不堪為君。司馬大將軍三世輔國，功德彌天，可以禪代魏統。未審鈞意若何？」誕大怒曰：「汝乃賈豫州之子，世食魏祿，安敢出此亂言！」充謝曰：「某以他人之言告公耳。」誕曰：「朝廷有難，吾當以死報之。」充默然。

次日辭歸，見司馬昭細言其事。昭大怒曰：「鼠輩安敢如此！」充曰：「誕在淮南，深得人心，久必為患：可速除之。」昭遂暗發密書與揚州刺史樂綝，一面遣使齎詔徵誕為司空。誕得了詔書，已知是賈充告變，遂捉來使拷問，使者曰：「此事樂綝知之。」誕曰：「他如何得知？」使者曰：「司馬將軍已令人到揚州送密書與樂綝矣。」誕大怒，叱武士斬了來使，遂起部下兵千人，殺奔揚州來。將至南門，城門已閉，弔橋拽起。誕在城下叫門，城上並無一人回答。誕大怒曰：「樂綝匹夫，安敢如此！」遂令將士打城。手下十餘驍騎，下馬渡壕，飛身上城，殺散軍士，大開城門。於是諸葛誕引兵入城，乘風放火，殺至綝家。綝慌上樓避之。誕提劍上樓，大喝曰：「汝父樂進，昔日受魏國大恩！不思報本，反欲順司馬昭耶！」綝未及回言，為誕所殺。一面具表數司馬昭之罪，使人申奏洛陽；一面大聚兩淮屯田戶口十餘萬，并揚州新降兵四萬餘人，積草屯糧，準備進兵。又令長史吳綱送子諸葛靚入吳為質求援，務要合兵誅討司馬昭。

此時東吳丞相孫峻病亡，從弟孫綝輔政。綝字子通，為人強暴，殺大司馬滕胤、將軍呂據、王惇等：因此權柄皆歸於綝。吳主孫亮，雖然聰明，無可奈何。於是吳綱將諸葛靚至石頭城，入拜孫綝。綝問其故。綱曰：「諸葛誕乃蜀漢諸葛武侯之族弟也，向事魏國；今見司馬昭欺君罔上，廢主弄權，欲興師討之，而力不及，故特來歸降。誠恐無憑，專送親子諸葛靚為質。伏望發兵相助。」綝從其請，便遣大將全懌、全端為主將，于詮為合後，朱異、唐咨為先鋒，文欽為鄉導，起兵七萬，分三隊而進。吳綱回壽春報知諸葛誕。誕大喜，遂陳兵準備。

却說諸葛誕表文到洛陽，司馬昭見了大怒，欲自往討之。賈充諫曰：「主公乘父兄之基業，恩德未及四海，今棄天子而去，若一朝有變，悔之何及？不如奏請太后及天子一同出征，可保無虞。」昭喜曰：「此言正合吾意。」遂入奏太后曰：「諸葛誕謀反，臣興文武官僚，計議停當：請太后同天子御駕親征，以繼先帝之遺意。」太后畏懼，只得從之。次日，昭請魏主曹髦起程。髦曰：「大將軍都督天下軍馬，任從調遣，何必朕自行也？」昭曰：「不然：

昔日武祖縱橫四海，文帝、明帝有包括宇宙之志，併吞八荒之心，凡遇大敵，必須自行。陛下正宜追配先君，掃清故孽，何自畏也？」髦畏威權，只得從之。昭遂下詔，盡起兩都之兵二十六萬，命鎮南將軍王基為正先鋒，安東將軍陳騫為副先鋒，監軍石苞為左軍，兗州刺史州泰為右軍，保護車駕，浩浩蕩蕩，殺奔淮南而來。

東吳先鋒朱異，引兵迎敵。兩軍對圓，魏軍中王基出馬，朱異來迎。戰不三合，朱異敗走；唐咨出馬，戰不三合，亦大敗而走。王基驅兵掩殺，吳兵大敗，退五十里下寨，報入壽春城中。諸葛誕自引本部銳兵，會合文欽并二子文鴦、文虎，雄兵數萬，來敵司馬昭。正是：方見吳兵銳氣墮，又看魏將勁兵來。未知勝負如何，且看下文分解。

第一百十二回　救壽春于詮死節　取長城伯約鏖兵

却說司馬昭聞諸葛誕會合吳兵前來決戰，乃召散騎長史裴秀、黃門侍郎鍾會，商議破敵之策。鍾會曰：「吳兵之助諸葛誕，實為利也：以利誘之，則必勝矣。」昭從其言，遂令石苞、州泰先引兩軍於石頭城埋伏，王基、陳騫領精兵在後，却令偏將成倅引兵數萬先去誘敵；又令陳俊引車仗牛馬驢騾，裝載賞軍之物，四面聚集於陣中：如敵來則棄之。

是日諸葛誕令吳將朱異在左，文欽在右－－見魏陣中人馬不整，誕乃大驅士馬逕進。成倅退走，誕驅兵掩殺，見牛馬驢騾，遍滿郊野，南兵爭取，無心戀戰。忽然一聲礮響，兩路兵殺來：左有石苞，右有州泰。誕大驚，急欲退時，王基、陳騫精兵殺到。誕兵大敗。司馬昭又引兵接應。誕引敗兵奔入壽春，閉門堅守。昭令兵四面圍困，併力攻城。

時吳兵退屯安豐，魏主車駕駐於項城。鍾會曰：「今諸葛誕雖敗，壽春城中糧草尚多，更有吳兵屯安豐以為犄角之勢。今吳兵四面攻圍：彼緩則堅守，急則死戰——吳兵或乘勢夾攻，吾軍無益。不如三面攻之，留南門大路，容賊自走；走而擊之，可全勝也。吳兵遠來，糧必不繼；我引輕騎抄在其後，可不戰而自破矣。」昭撫會背曰：「君眞吾之子房也！」遂令王基撤退南門之兵。

卻說吳兵屯於安豐，孫綝喚朱異責之曰：「量一壽春城不能救，安可併吞中原？如再不勝必斬！」朱異乃回本寨商議。于詮曰：「今壽春南門不圍，某願領一軍從南門入去，助諸葛誕守城。將軍與魏兵挑戰，我卻從城中殺出，兩路夾攻，魏兵可破矣。」異然其言。於是全懌、全端、文欽等，皆願入城。遂同于詮引兵一萬，從南門而入城。魏兵不得將令，未敢輕敵，任吳兵入城，乃報知司馬昭。昭曰：「此欲與朱異內外夾攻，以破我軍也。」乃召王基、陳騫分付曰：「汝可引五千兵截斷朱異來路，從背後擊之。」二人領命而去。朱異正引兵來，忽背後喊聲大震：左有王基，右有陳騫，兩路軍殺來，吳兵大敗。朱異回見孫綝。綝大怒曰：「累敗之將，要汝何用！」叱軍士推出斬之。又責全端子全禕曰：「若退不得魏兵，汝父子休來見我！」於是孫綝自回建業去了。

鍾會與昭曰：「今孫綝退去，外無救兵，城可圍矣。」昭從之，遂催軍攻圍。全禕引兵殺入壽春，見魏兵勢大，尋思進退無路，遂降司馬昭。昭加禕為偏將軍，禕感昭恩德，乃修家書與父全端、叔全懌，言孫綝不仁，不若降魏，將書射入城中。懌得禕書，遂與端引數千人開門出降。諸葛誕在城中憂悶。謀士蔣班、焦彝進言曰：「城中糧少兵多，不能久守，可率吳、楚之衆，與魏兵決一死戰。」誕大怒曰：「吾欲守，汝欲戰，莫非有異心乎！再言必斬！」二人仰天長歎曰：「誕將亡矣！我等不如早降，免至一死！」是夜二更時分，蔣、焦二人踰城降魏，司馬昭重用之——因此城中雖有敢戰之士，不敢言戰。

誕在城中見魏兵四下築起土城以防淮水，只望水泛，衝倒土城，驅兵擊之。不想自秋至冬，並無霖雨，淮水不泛。城中看看糧盡，文欽在小城內與二子堅守，見軍士漸漸餓倒，只得來告誕曰：「糧草盡絕，軍士餓損，不如將北方之兵盡放出城，以省其食。」誕大怒曰：「汝教我盡去北軍，欲謀我耶！」叱武士推出斬之。文鴦、文虎，見父被殺，各拔短刀，立殺數十人，飛身上城，一躍而下，越壕赴魏寨投降。司馬昭恨文鴦昔日單騎退兵之讎，欲斬之。鍾會諫曰：「罪在文欽，今文欽已亡，二子勢窮來歸，若殺降將，是堅城內人之心也。」昭從之，遂召文鴦、文虎入帳，用好言撫慰，賜駿馬錦衣，加為偏將軍，封關內侯。二子拜謝上馬，遶城大叫曰：「我二人蒙大將軍赦罪賜爵，汝等何不早降！」城內人聞言，皆計議曰：「文鴦乃司馬氏讎人，尚且重用，何況我等乎？」於是皆欲投降。諸葛誕聞之大怒，日夜自來巡城，以殺為威。

鍾會知城中人心已變，乃入帳告昭曰：「可乘此時攻城矣。」昭大喜，遂激三軍四面雲集，一齊攻打。守將曾宣獻了北門，放魏兵入城。誕知魏兵已入，慌引麾下數百人，自城中小路突出；至弔橋邊，正撞着胡遵，手起刀落，斬誕於馬下，數百人皆被縛。王基引兵殺到西門，正遇吳將于詮。基大喝曰：「何不早降！」詮大怒曰：「受命而出，為人救難，既不能救，又降他人，義所不為也！」乃擲盔於地，大呼曰：「人生在世，得死於戰場者，幸耳！」急揮刀死戰三十餘合，人困馬乏，為亂軍所殺。後人有詩讚曰：

司馬當年圍壽春，降兵無數拜車塵。東吳雖有英雄士，誰及于詮肯殺身？

司馬昭入壽春，將諸葛誕老小盡皆梟首，滅其三族。武士將所擒諸葛誕部卒數百人縛至。昭曰：「汝等降否？」衆皆大叫曰：「願與諸葛公同死，決不降汝！」昭大怒，叱武士盡縛於城外，逐一問曰：「降者免死。」並無一人言降。直殺至盡，終無一人降者。昭深加歎息不已，令皆埋之。後人有詩歎曰：

忠君矢志不偷生：諸葛公休帳下兵。《薤露》歌聲應未斷，遺蹤直欲繼田横！

却說吳兵大半降魏，裴秀告司馬昭曰：「吳兵老小，盡在東南江、淮之地，今若留之，久必為變：不如坑之。」鍾會曰：「不然：古之用兵者，全國為上，戮其元惡而已。若盡坑之，是不仁也。不如放歸江南，以顯中國之寬大。」昭曰：「此妙論也。」遂將吳兵盡皆放歸本國。唐咨因懼孫綝，不敢回國，亦來投魏。昭皆重用，令分布三河之地。

淮南已平。正欲退兵，忽報西蜀姜維引兵來取長城，邀截糧草。昭大驚，與多官計議退兵之策。

時蜀漢延熙二十年，改為景耀元年①。姜維在漢中選川將兩員，每日操練人馬：一是蔣舒，一是傅僉。二人頗有膽勇，維甚愛之。忽報淮南諸葛誕起兵討司馬昭，東吳孫綝助之，昭大起兩淮之兵，將魏太后並魏主一同出征去了。維大喜曰：「吾今番大事濟矣！」遂表奏後主，願興兵伐魏。中散大夫譙周聽知，歎曰：「近來朝廷溺於酒色，信任中貴黃皓，不理國事，只圖歡樂；伯約累欲征伐，不恤軍士：國將危矣！」乃作《讎國論》一篇，寄與姜維。維拆封視之。論曰：

或問：古往能以弱勝強者，其術何如？曰：處大國無患者，恆多慢；處小國有憂者，恆思善：多慢則生亂，思善則生治，理之常也。故周文養民，以少取多；句踐恤衆，以弱斃強。此其術也。

或曰：曩者楚強漢弱，約分鴻溝；張良以為民志既定，則難動也，率兵追羽，終斃項氏；豈必由文王、句踐之事乎！曰：商、周之際，王侯世尊，君臣久固：當此之時，雖有漢祖，安能仗劍取天下乎？及秦罷侯置守之後，民疲秦役，天下土崩，於是豪傑並爭。今我與彼，皆傳國易世矣，既非秦末鼎沸之時，實有六國併據之勢，故可為文王，難為漢祖。時可而後動，數合而後舉：故湯、武之師，不再戰而克，誠重民勞而度時審也。如遂極武黷征，不幸遇難，雖有智者，不能謀之矣。

姜維看畢，大怒曰：「此腐儒之論也！」擲之於地。遂提川兵來取中原。乃問傅僉曰：「以公度之，可出何地？」僉曰：「魏屯糧草，皆在長城；今可逕取駱谷，度沈嶺，直到長城，先燒糧草，然後直取秦川：則中原指日可得矣。」維曰：「公之見與吾計暗合也。」即提兵逕取駱谷，度沈嶺，望長城而來。

却說長城鎮守將軍司馬望，乃司馬昭之族兄也。城內糧草甚多，人馬却少。望聽知蜀兵到，急與王眞、李鵬二將，引兵離城二十里下寨。次日蜀兵來到，望引二將出陣。

姜維出馬，指望而言曰：「今司馬昭遷主於軍中，必有李傕、郭汜之意也。吾今奉朝廷明命，前來問罪，汝當早降。若還愚迷，全家誅戮！」望大聲而答曰：「汝等無禮，數犯上國，如不早退，令汝片甲不歸！」言未畢，望背後王眞挺鎗出馬，蜀陣中傅僉出迎。戰不十合，僉賣個破綻，王眞便挺鎗來刺。傅僉閃過，活捉眞於馬上，便回本陣。李鵬大怒，縱馬輪刀來救。僉故意放慢，等李鵬將近，努力擲眞於地，暗掣四楞鐵簡在手；待鵬趕上舉刀欲砍，傅僉偷身回顧，向李鵬面門只一簡，打得眼珠迸出，死於馬下。王眞被蜀軍亂鎗刺死。姜維驅兵大進。司馬望棄寨入城，閉門不出。維下令曰：「軍士今夜且歇一宿，以養銳氣。來日須要入城。」次日平明，蜀兵爭先大進，一擁至城下。用火箭火礮打入城中。城上草屋一派燒着，魏兵自亂。維又令人取乾柴堆滿城下，一齊放火，烈燄沖天。城已將陷，魏兵在城內嚎啕痛哭，聲聞四野。

正攻打之間，忽然背後喊聲大震。維勒馬回看，只見魏兵鼓譟搖旗，浩浩而來。維遂令後隊為前隊，自立於門旗下候之。只見魏陣中一小將，全裝慣帶，挺鎗縱馬而出：約年二十餘歲，面如傅粉，脣似抹硃，厲聲大叫曰：「認得鄧將軍否！」維自思曰：「此必鄧艾矣。」挺鎗縱馬而來。二人抖擻精神，戰到三四十合，不分勝負。那小將軍鎗法無半點放閒。維心中自思：「不用此計，安得勝乎？」便撥馬望左邊山路中而走。那小將驟馬追來，維挂住了鋼鎗，暗取雕弓羽箭射之。那小將眼乖，早已見了，弓弦響處，把身望前一倒，放過羽箭。維回頭看，小將已到，挺鎗來刺；維閃過，那鎗從肋傍邊過，被維挾住。那小將棄鎗，望本陣而走。維嗟歎曰：「可惜！可惜！」再撥馬趕來。追至陣門前，一將提刀而出曰：「姜維匹夫，勿趕吾兒！鄧艾在此！」維大驚：原來小將乃艾之子鄧忠也。維暗暗稱奇；欲戰鄧艾，又恐馬乏，乃虛指艾曰：「吾今日識汝父子也。且各收兵，來日決戰。」艾見戰場不利，亦勒馬應曰：「既如此，各自收兵。暗算者非丈夫也。」於是兩軍皆退。鄧艾據渭水下寨，姜維跨兩山安營。艾見了蜀兵地理，乃作書於司馬望曰：「我等切不可戰，只宜固守。待關中兵至時，蜀兵糧草皆盡，三面攻之，無不勝也。今遣長子鄧忠相助守城，一面差人於司馬昭處求救。」

却說姜維令人於艾寨中下戰書，約來日大戰，艾佯應之。次日五更，維令三軍造飯，平明布陣等候。艾營中偃旗息鼓，却如無人之狀。維至晚方回。次日又令人下戰書，責以失期之罪。艾以酒食待使，答曰：「微軀小疾，有誤相持，明日會戰。」次日，維又引兵來，艾仍前不出：如此五六番，傅僉謂維曰：「此必有謀也：宜防之。」維曰：「此必捱關中兵到，三面擊我耳。吾今令人持書與東吳孫綝，使併力攻之。」忽探馬報說：「司馬昭攻打壽春，殺了諸葛誕，吳兵皆降。昭班師回洛陽，便欲引兵來救長城。」維大驚曰：「今番代魏，又成畫餅矣——不如且回。」正是：已歎四番難奏績，又嗟五度未成功。未知如何退兵，且看下文分解。

——————

① 改為景耀元年——蜀漢改元景耀，實際上是在延熙二十一年，即公元二五八年。但本回所敘姜維此次出駱谷伐魏，確在延熙二十年，即公元二五七年。

第一百十三回　丁奉定計斬孫綝　姜維鬥陣破鄧艾

卻說姜維恐救兵到，先將軍器車仗一應軍需，步兵先退，然後將馬軍斷後。細作報知鄧艾。艾笑曰：「姜維知大將軍兵到，故先退去。不必追之，追則中彼之計也。」乃令人哨探，回報果然駱谷道狹之處，堆積柴草，準備要燒追兵。衆皆稱艾曰：「將軍眞神算也！」遂遣使齎表奏聞。於是司馬昭大喜，又加賞鄧艾。

卻說東吳大將軍孫綝，聽知全端、唐咨等降魏，勃然大怒，將各人家眷，盡皆斬之。吳主孫亮，時年方十六，見綝殺戮太過，心甚不然。一日出西苑，因食生梅，令黃門取蜜。須臾取至，見蜜內有鼠糞數塊，召藏吏責之。藏吏叩首曰：「臣封閉甚嚴，安有鼠糞？」亮曰：「黃門曾向爾求蜜食否？」藏吏曰：「黃門於數日前曾求蜜食，臣實不敢與。」亮指黃門曰：「此必汝怒藏吏不與爾蜜，故置糞於蜜中，以陷之也。」黃門不服。亮曰：「此事易知耳：若糞久在蜜中，則內外皆濕；若新在蜜中，則外濕內燥。」命剖視之，果然內燥，黃門服罪：亮之聰明，大抵如此——雖然聰明，却被孫綝把持，不能主張。綝之弟威遠將軍孫據入蒼龍宿衛；武衛將軍孫恩、偏將軍孫幹、長水校尉孫闓，分屯諸營。

一日，吳主孫亮悶坐，黃門侍郎全紀在側，紀乃國舅也。亮因泣告曰：「孫綝專權妄殺，欺朕太甚；今不圖之，必為後患。」紀曰：「陛下但有用臣處，臣萬死不辭。」亮曰：「卿可只今點起禁兵，與將軍劉丞各把城門，朕自出殺孫綝。但此事切不可令卿母知之：卿母乃綝之姊也。倘若泄漏，誤朕匪輕。」紀曰：「乞陛下草詔與臣。臨行事之時，臣將詔示衆，使綝手下人皆不敢妄動。」亮從之，即寫密詔付紀。紀受詔歸家，密告其父全尚。尚知此事，乃告妻曰：「三日內殺孫綝矣。」妻曰：「殺之是也。」口雖應之，却私令人持書報知孫綝。綝大怒，當夜便喚弟兄四人，點起精兵，先圍大內①；一面將全尚、劉丞，并其家小俱拿下。比及平明，吳主孫亮聽得宮門外金鼓大震。內侍慌入奏曰：「孫綝引兵圍了內苑。」亮大怒，指全后罵曰：「汝父兄誤我大事矣！」乃拔劍欲出。全后與侍中近臣，皆牽其衣而哭，不放亮出。孫綝先將全尚、劉丞等殺訖，然後召文武於朝內，下令曰：「主上荒淫久病，昏亂無道，不可以奉宗廟，今當廢之。汝諸文武，敢有不從者，以謀叛論！」衆皆畏懼，應曰：「願從將軍之令。」尚書桓懿大怒，從班部中挺然而出，指孫綝大罵曰：「今上乃聰明之主，汝何敢出此亂言！吾寧死不從賊臣之命。」綝大怒，自拔劍斬之，卽入內指吳主孫亮罵曰：「無道昏君！本當誅戮，以謝天下！看先帝之面，廢汝為會稽王，吾自選有德者立之！」叱中書郎李崇奪其印綬，令鄧程收之。亮大哭而去。後人有詩歎曰：

亂賊誣伊尹，奸臣冒霍光。可憐聰明主，不得蒞朝堂。

孫綝遣宗正孫楷、中書郎董朝，往虎林迎請瑯琊王孫休為君。休字子烈，乃孫權第六子也；在虎林夜夢乘龍上天，回顧不見龍尾，失驚而覺。次日，孫楷、董朝至，拜請回都。行至曲阿，有一老人，自稱姓干，名休，叩頭言曰：「事久必變，願殿下速行。」休謝之。行至布塞亭，孫恩將軍駕來迎。休不敢乘輦，乃坐小車而入。百官拜迎道傍，休慌忙下車答禮。孫綝出，令扶起，請入大殿，升御座即天子位。休再三謙讓，方受玉璽。文官武將，朝賀已畢，大赦天下，改元永安元年；封孫綝為丞相，荊州牧；多官各有封賞；又封兄之子孫皓為烏程侯。孫綝一門五侯，皆典禁兵，權傾人主。吳主孫休，恐其內變，陽示恩寵，內實防之。綝驕橫愈甚。

冬十二月，綝奉牛酒入宮上壽，吳主孫休不受。綝怒，乃以牛酒詣左將軍張布府中共飲。酒酣，乃謂布曰：「吾初廢會稽王時，人皆勸吾為君。吾為今上賢，故立之。今我上壽而見拒，是將我等閒相待。吾早晚教你看！」布聞言，唯唯而已。次日，布入宮密奏孫休。休大懼，日夜不安。數日後，孫綝遣中書郎孟宗，撥與中營所管精兵一萬五千，出屯武昌；又盡將武庫內軍器與之。於是將軍魏邈、武衛士施朔，二人密奏孫休曰：「綝調兵在外，又搬盡武庫內軍器，早晚必為變矣。」休大驚，急召張布計議。布奏曰：「老將丁奉，計略過人，能斷大事，可與議之。」休乃召奉入內，密告其事。奉奏曰：「陛下勿憂：臣有一計，為國除害。」休問何計。奉曰：「來朝臘日，只推大會羣臣，召綝赴席，臣自有調遣。」休大喜。奉令魏邈、施朔為外事，張布為內應。

是夜狂風大作，飛沙走石，將老樹連根拔起。天明風定，使者奉旨來請孫綝入宮赴宴。孫綝方起牀，平地如人推倒，心中不悅。使者十餘人，簇擁入內。家人止之曰：「一夜狂風不息，今早又無故驚倒，恐非吉兆，不可赴宴。」綝曰：「吾弟兄共典禁兵，誰敢近身？倘有變動，於府中放火為號。」囑訖，升車入內。吳主孫休忙下御座迎之，請綝高坐。酒行數巡，衆驚曰：「宮外望有火起。」綝便欲起身。休止之曰：「丞相穩便；外兵自多，何必懼哉？」言未畢，左將軍張布拔劍在手，引武士三十餘人，搶上殿來，口中厲聲而言曰：「有詔擒反賊孫綝！」綝急欲走時，早被武士擒下。綝叩頭奏曰：「願徙交州歸田里。」休叱曰：「爾何不徙滕胤、呂據、王惇耶？」命推下斬之。於是張布牽孫綝下殿東斬訖。從者皆不敢動。布宣詔曰：「罪在孫綝一人，餘皆不問。」衆心乃安。布請孫休升五鳳樓。丁奉、魏邈、施朔等，擒孫綝兄弟至。休命盡斬於市。宗黨死者數百人，滅其三族，命軍士掘開孫峻墳墓，戮其屍首。將被害諸葛恪、滕胤、呂據、王惇等家，重建墳墓，以表其忠。其牽累遠流②者，皆赦還鄉里。

丁奉重加封賞。

馳書報入成都。後主劉禪遣使回賀，吳使薛珝答禮。珝自蜀中歸，吳主孫休問蜀中近日作何舉動。珝奏曰：「近日中常侍黃皓用事，公卿多阿附之。入其朝，不聞直言；經其野，民有菜色。所謂『燕雀處堂，不知大廈之將焚』者也。」休歎曰：「若諸葛武侯在時，何至如此乎！」於是又寫國書，教人齎入成都，說司馬昭不日篡魏，必將侵吳、蜀以示威，彼此各宜準備。

姜維聽得此信，忻然上表，再議出師伐魏。時蜀漢景耀元年冬，大將軍姜維，以廖化、張翼為先鋒，王含、蔣斌為左軍，蔣舒、傅僉為右軍，胡濟為合後，維與夏侯霸總中軍，共起蜀兵二十萬，拜辭後主，逕到漢中，與夏侯霸商議，當先攻取何地。霸曰：「祁山乃用武之地，可以進兵，故丞相昔日六出祁山。因他處不可出也。」維從其言，遂令三軍並望祁山進發，至谷口下寨。時鄧艾正在祁山寨中，整點隴右之兵。忽流星馬到，報說蜀兵見下三寨於谷口。艾聽知，遂登高看了，回寨生帳，大喜曰：「不出吾之所料也！」原來鄧艾先度了地脈，故留蜀兵下寨之地；地中自祁山寨直至蜀寨，早挖了地道，待蜀兵至時，於中取事。此時姜維至谷口分作三寨，地道正在左寨之中，乃王含、蔣斌下寨之處。鄧艾喚子鄧忠，與師纂各引一萬兵，為左右衝擊；却喚副將鄭倫，引五百掘子軍③，於當夜二更，逕從地道直至左營，從帳後地下擁出。

却說王含、蔣斌因立寨未定，恐魏兵來劫寨，不散解甲而寢。忽聞中軍大亂，急綽兵器上的馬時，寨外鄧忠引兵殺到。內外夾攻，王、蔣二將，奮死抵敵不住，棄寨而走。姜維在帳中聽得左寨中大喊，料道有內應外合之兵，遂急上馬，立於中軍帳前，傳令曰：「如有妄動者斬！便有敵兵到營邊，休要問他，只管以弓弩射之！」一面傳示右營，亦不許妄動。果然魏兵十餘次衝擊，皆被射回。只衝殺到天明，魏兵不敢殺入。鄧艾收兵回寨，乃歎曰：「姜維深得孔明之法！兵在夜而不驚，將聞變而不亂：眞將才也！」次日，王含、蔣斌收聚敗兵，伏於大寨前請罪。維曰：「非汝等之罪，乃吾不明地脈之故也。」又撥軍馬，命二將安營訖。却將傷死身屍，填於地道之中，以土掩之。

令人下戰書單搦鄧艾來日交鋒。艾忻然應之。

次日，兩軍列於祁山之前。維按武侯八陣之法，依天、地、風、雲、鳥、蛇、龍、虎之形，分布以定。鄧艾出馬，見維布成八卦，乃亦布之，左右前後，門戶一般。維持鎗縱馬大叫曰：「汝效吾排八陣，亦能變陣否？」艾笑曰：「汝道此陣只汝能布耶？吾既會布陣，豈不知變陣！」艾便勒馬入陣，令執法官把旗左右招颭，變成八八六十四個門戶；復出陣前曰：「吾變法若何？」維曰：「雖然不差，汝敢與吾八陣相圍麼？」艾曰：「有何不敢！」兩軍各依隊伍而進。艾在中軍調遣。兩軍衝突，陣法不曾錯動。姜維到中間，把旗一招，忽然變成「長蛇捲地陣」，將鄧艾困在垓心，四面喊聲大震。艾不知其陣，心中大驚。蜀兵漸漸逼近，艾引衆將衝突不出。只聽得蜀兵齊叫曰：「鄧艾早降！」艾仰天長歎曰：「我一時自逞其能，中姜維之計矣！」

忽然西北角上一彪軍殺入，艾見是魏兵，遂乘勢殺出——救鄧艾者，乃司馬望也。比及救出鄧艾時，祁山九寨，皆被蜀兵所奪。艾引敗兵，退於渭水南下寨。艾謂望曰：

「公何以知此陣法而救出我也？」望曰：「吾幼年游學於荊南，曾與崔州平、石廣元為友，講論此陣。今日姜維所變者，乃『長蛇捲地陣』也。若他處擊之，必不可破。吾見其頭在西北，故從西北擊之，自破矣。」艾謝曰：「我雖學得陣法，實不知變法。公既知此法，來日以此法復奪祁山寨柵，如何？」望曰：「我之所學，恐瞞不過姜維。」艾曰：「來日公在陣上與他鬥陣法，我却引一軍暗襲祁山之後。兩下混戰，可奪舊寨也。」於是令鄭倫為先鋒，艾自引軍襲山後；一面令人下戰書，搦姜維來日鬥陣法。維批回去訖，乃謂衆將曰：「吾受武侯所傳密書，此陣變法，共三百六十五樣，按周天之數。今搦吾鬥陣法，乃『班門弄斧』耳！但中間必有詐謀，公等知之乎？」廖化曰：「此必賺我鬥陣法，却引一軍襲我後也。」維笑曰：「正合我意。」卽令張翼、廖化引一萬兵去山後埋伏。

次日，姜維盡收九寨之兵，分布於祁山之前。司馬望引兵離了渭南，逕到祁山之前，出馬與姜維答話。維曰：「汝請吾鬥陣法，汝先布與我看。」望布成了八卦。維笑曰：「此卽吾所布八陣之法也，汝今盜襲，何足為奇！」望曰：「汝亦竊他人之法耳！」維曰：「此陣凡有幾變？」

望笑曰：「吾既能布，豈不會變？－－此陣有九九八十一變。」維笑曰：「汝試變來。」望入陣變了數番，復出陣曰：「汝識吾變否？」維笑曰：「吾陣法按周天三百六十五變：汝乃井底之蛙，安知玄奧乎！」望自知有此變法，實不曾學全，乃勉強折辯曰：「吾不信，汝試變來。」維曰：「汝教鄧艾出來，吾當布與他看。」望曰：「鄧將軍自有良謀，不好陣法。」維大笑曰：「有何良謀！不過教汝賺吾在此布陣，他却引兵襲吾山後耳！」望大驚，恰欲進兵混戰，被維以鞭梢一指，兩翼兵先出，殺的那魏兵棄甲拋戈，各逃性命。

却說鄧艾催督先鋒鄭倫來襲山後。倫剛轉過山角，忽然一聲礮響，鼓角喧天，伏兵殺出：為首大將，乃廖化也。二人未及答話，兩馬交處，被廖化一刀，斬鄭倫於馬下。鄧艾大驚，急勒兵退時，張翼引一軍殺到。兩下夾攻，魏兵大敗。艾捨命突出，身被四箭。奔到渭南寨時，司馬望亦到。二人商議退兵之策。望曰：「近日蜀主劉禪，寵幸中貴黃皓，日夜以酒色為樂，可用反間計召回姜維，此危可解。」艾問衆謀士曰：「誰可入蜀交通黃皓？」言未畢，一人應聲曰：「某願往。」艾視之，乃襄陽党均也。艾大喜，即令党均齎金珠寶物，逕到成都結連黃皓，布散流言，說姜維怨望天子，不久投魏。於是成都人人所說皆同。黃皓奏知後主，即遣人星夜宣姜維入朝。

　　却說姜維連日搦戰，鄧艾堅守不出。維心中甚疑。忽使命至，詔維入朝。維不知何事，只得班師回朝。鄧艾、司馬望知姜維中計，遂拔渭南之兵，隨後掩殺。正是：樂毅伐齊遭間阻，岳飛④破敵被讒回。未知勝敗如何，且看下文分解。

－－－－－－

① 大內－－皇宮內苑。

② 遠流－－流放到很遠的地方。

③ 掘子軍－－掘地道的工兵。

④ 岳飛－－本是南宋的大將。他抵抗金人的侵略有功，被秦檜陷害而死。這裏是說書人的口氣，所以用了三國以

後的典故。

第一百十四回　曹髦驅車死南闕　姜維棄糧勝魏兵

卻說姜維傳令退兵。廖化曰：「『將在外，君命有所不受。』今雖有詔，未可動也。」張翼曰：「蜀人為大將軍連年動兵，皆有怨望；不如乘此得勝之時，收回人馬，以安民心，再作良圖。」維曰：「善。」遂令各軍依法而退。命廖化、張翼斷後，以防魏兵追襲。

卻說鄧艾引兵追趕，只見前面蜀兵旗幟整齊，人馬徐徐而退。艾歎曰：「姜維深得武侯之法也！」因此不敢追趕，勒軍回祁山寨去了。

且說姜維至成都，入見後主，問召回之故。後主曰：「朕為卿在邊庭，久不還師，恐勞軍士，故詔卿回朝，別無他意。」維曰：「臣已得祁山之寨，正欲收功，不期半途而廢。此必中鄧艾反間之計矣。」後主默然不語。姜維又奏曰：「臣誓討賊，以報國恩。陛下休聽小人之言，致生疑慮。」後主良久乃曰：「朕不疑卿；卿且回漢中，俟魏國有變，再伐之可也。」姜維歎息出朝，自投漢中去訖。

卻說党均回到祁山寨中，報知此事。鄧艾與司馬望曰：「君臣不和，必有內變。」就令党均入洛陽，報知司馬昭。昭大喜，便有圖蜀之心，乃問中護軍賈充曰：「吾今伐蜀，如何？」充曰：「未可伐也：天子方疑主公，若一旦輕出，內難必作矣。舊年黃龍兩見於寧陵井中，羣臣表賀，以為祥瑞；天子曰：『非祥瑞也：龍者君象，乃上不在天，下不在田，而在井中，是幽囚之兆也。』遂作《潛龍詩》一首。詩中之意，明明道着主公。其詩曰：

『傷哉龍受困，不能躍深淵。上不飛天漢，下不見於田。蟠居於井底，鰍鱔舞其前。藏牙伏爪甲，嗟我亦同然！』」

司馬昭聞之大怒，謂賈充曰：「此人欲效曹芳也！若不早圖，彼必害我。」充曰：「某願為主公早晚圖之。」時魏甘露五年夏四月，司馬昭帶劍上殿，髦起迎之。羣臣皆奏曰：「大將軍功德巍巍，合為晉公，加九錫。」髦低頭不答。昭厲聲曰：「吾父子兄弟三人有大功於魏，今為晉公，得毋不宜耶？」髦乃應曰：「敢不如命！』昭曰：「《潛龍》之詩，視吾等如鰍鱔，是何禮也？」髦不能答。昭冷笑下殿。衆官凜然。髦歸後宮，召侍中王沈、尚書王經、散騎常侍王業三人入內計議。髦泣曰：「司馬昭將懷篡逆，人所共知！朕不能坐受廢辱，卿等可助朕討之！」王經奏曰：「不可：昔魯昭公不忍季氏，敗走失國①；今重權已歸司馬氏久矣，內外公卿，不顧順逆之理，阿附奸賊，非一人也。且陛下宿衛寡弱，無用命之人。陛下若不隱忍，禍莫大焉。且宜緩圖，不可造次。」髦曰：「『是可忍也，孰不可忍也』！朕意已決，便死何懼！」言訖，卽入告太后。王沈、王業謂王經曰：「事已急矣。我等不可自取滅族之禍。當往司馬公府下出首，以免一死。」經大怒曰：「主憂臣辱，主辱臣死，敢懷二心乎？」王沈、王業見經不從，逕自往報司馬昭去了。

少頃，魏主曹髦出內，令護衛焦伯，聚集殿中宿衛蒼頭官僮三百餘人，鼓譟而出。髦仗劍升輦，叱左右逕出南闕。王經伏於輦前，大哭而諫曰：「今陛下領數百人伐昭，是驅羊而入虎口耳，空死無益。臣非惜命，實見事不可行也。」髦曰：「吾軍已行，卿無阻當。」遂望龍門而來。

只見賈充戎服乘馬，左有成倅，右有成濟，引數千鐵甲禁兵，吶喊殺來。髦仗劍大喝曰：「吾乃天子也！汝等突入宮庭，欲弒君耶？」禁兵見了曹髦，皆不敢動。賈充呼成濟曰：「司馬公養你何用？——正為今日之事也。』濟乃綽戟在手，回顧充曰：「當殺耶？當縛耶？」充曰：「司馬公有令，只要死的。」成濟撚戟直奔輦前。髦大喝曰：「匹夫敢無禮乎！」言未訖，被成濟一戟刺中前胸，撞出輦來；再一戟，刃從背上透出，死於輦傍。焦伯挺鎗來迎，被成濟一戟刺死。衆皆逃走。王經隨後趕來，大罵賈充曰：「逆賊安敢弒君耶！」充大怒，叱左右縛定，報知司馬昭。昭入內，見髦已死，乃佯作大驚之狀，以頭撞輦而哭，令人報知各大臣。

時太傅司馬孚入內，見髦屍首，枕之股而哭曰：「弒陛下者，臣之罪也！」遂將髦屍用棺槨盛貯，停於偏殿之西。昭入殿中，召羣臣會議。羣臣皆至，獨有尚書僕射陳泰不至。昭令泰之舅尚書荀顗召之。泰大哭曰：「論者以泰比舅，今舅實不如泰也。」乃披麻帶孝而入，哭拜於靈前。昭亦佯哭而問曰：「今日之事，何法處之？」泰曰：「獨斬賈充，少可以謝天下耳。」昭沈吟良久，又問曰：「再思其次。」泰曰：「惟有進於此者，不知其次。」昭曰：「成濟大逆不道，可剮之，滅其三族。」濟大罵昭曰：「非我之罪，是賈充傳汝之命！」昭令先割其舌。濟至死叫屈不絕。弟成倅亦斬於市，盡滅三族。後人有詩歎曰：

司馬當年命賈充，弒君南闕赭袍紅。却將成濟誅三族，只道軍民盡耳聾。

昭又使人收王經全家下獄。王經正在廷尉廳下，忽見縛其母至。經叩頭大哭曰：「不孝子累及慈母矣！」母大笑曰：「人誰不死？正恐不得死所耳。以此棄命，何恨之有？」次日，王經全家皆押赴東市。王經母子含笑受刑。滿城士庶，無不垂淚。後人有詩曰：

漢初誇伏劍，漢末見王經：眞烈心無異，堅剛志更清。節如泰華重，命似羽毛輕。母子聲名在，應同天地傾。

太傅司馬孚請以王禮葬曹髦，昭許之。賈充等勸司馬昭受魏禪，即天子位。昭曰：「昔文王三分天下有其二，以服事殷，故聖人稱為至德。魏武帝不肯受禪於漢，猶吾之不肯禪於魏也。」賈充等聞言，已知司馬昭留意於子司馬炎矣，遂不復勸進。是年六月，司馬昭立常道鄉公曹璜為帝，改元景元元年。璜改名曹奐，字景召——乃武帝曹操之孫，燕王曹宇之子也。奐封昭為丞相晉公，賜錢十萬、絹萬疋。其文武多官，各有封賞。

早有細卒報入蜀中。姜維聞司馬昭弒了曹髦，立了曹奐，喜曰：「吾今日伐魏，又有名矣。」遂發書入吳，令起兵問司馬昭弒君之罪；一面奏准後主，起兵十五萬，車乘數千輛，皆置板箱於上；令廖化、張翼為先鋒：化取子午谷，翼取駱谷，維自取斜谷，皆要出祁山之前取齊。三路兵並起，殺奔祁山而來。

時鄧艾在祁山寨中，訓練人馬，聞報蜀兵三路殺到，乃聚諸將計議。參軍王瓘曰：「吾有一計，不可明言。見寫在此，謹呈將軍台覽。」艾接來展看畢，笑曰：「此計雖妙，只怕瞞不過姜維。」瓘曰：「某願捨命前去。」艾曰：「公志若堅，必能成功。」遂撥五千兵與瓘。瓘連夜從斜谷迎來，正撞蜀兵前隊哨馬。瓘叫曰：「我是魏國降兵，可報於主帥。」

哨軍報知姜維，維令攔住餘兵，只叫為首的將來見。瓘拜伏於地曰：「某乃王經之姪王瓘也。近見司馬昭弒君，將叔父一門皆戮，某痛恨入骨。今幸將軍興師問罪，故特引本部兵五千來降。願從調遣，剿除奸黨，以報叔父之恨。」維大喜，謂瓘曰：「汝既誠心來降，吾豈不誠心相待？吾軍中所患者，不過糧耳。今有糧草，見在川口，汝可運赴祁山。吾只今去取祁山寨也。」瓘心中大喜，以為中計，忻然領諾。姜維曰：「汝去運糧，不必用五千人，但引三千人去，留下二千人引路，以打祁山。」瓘恐維疑惑，乃引三千兵去了。維令傅僉引二千魏兵隨征聽用。忽報夏侯霸到。霸曰：「都督何故准信王瓘之言也？吾在魏，雖不知備細，未聞王瓘是王經之姪：其中多詐，請將軍察之。」維大笑曰：「我已知王瓘之詐，故分其兵勢，將計就計而行。」霸曰：「公試言之。」維曰：「司馬昭奸雄比於曹操，既殺王經，滅其三族，安肯存親姪於關外領兵？故知其詐也。仲權之見，與我暗合。」於是姜維不出斜谷，却令人於路暗伏，以防王瓘奸細。不旬日，果然伏兵捉得王瓘回報鄧艾下書人來見。維問了情節，搜出私書，書中約於八月二十日，從小路運糧送歸大寨，却教鄧艾遣兵於壜山谷中接應。維將下書人殺了，却將書中之意，改作八月十五日，約鄧艾自率大兵於壜山谷中接應。一面令人扮作魏軍往魏營下書；一面令人將見有糧車數百輛卸了糧米，裝載乾柴茅草引火之物，用青布罩之，令傅僉引二千原降魏兵，執打着運糧旗號。維却與夏侯霸各引一軍，去山谷中埋伏。令蔣舒出斜谷，廖化、張翼俱各進兵，來取祁山。

却說鄧艾得了王瓘書信，大喜，急寫回書，令來人回報。至八月十五日，鄧艾引五萬精兵逕往壜山谷中來，遠遠使人凭高眺望，只見無數糧車，接連不斷，從山凹中而行。艾勒馬望之，果然皆是魏兵。左右曰：「天已昏暮，可速接應王瓘出谷口。」艾曰：「前面山勢掩映，倘有伏兵，急難退步；只可在此等候。」正言間，忽兩騎馬驟至，報曰：「王將軍因將糧草過界，背後人馬趕來，望早救應。」艾大驚，急催兵前進。時值初更，月明如晝。只聽得山後吶喊，艾只道王瓘在山後廝殺。逕奔過山後時，忽樹林後一彪軍撞出，為首蜀將傅僉，縱馬大叫曰：「鄧艾匹夫！已中吾主將之計！何不早早下馬受死！」艾大驚，勒回馬便走。車上火盡着——那火便是號火。兩勢下蜀兵盡出，殺得魏兵七斷八續，但聞山下山上只叫：「拏住鄧艾的，賞千金，封萬戶侯！」諕得鄧艾棄甲丟盔，撇了坐下馬，雜在步軍之中，爬山越嶺而逃。姜維、夏侯霸只望馬上為首的逕來擒捉，不想鄧艾步行走脫。維領得勝兵去接王瓘糧車。

卻說王瓘密約鄧艾，先期將糧草車仗，整備停當，專候舉事。忽有心腹人報：「事已洩漏，鄧將軍大敗，不知性命如何。」瓘大驚，令人哨探，回報三路兵圍殺將來，背後又有塵土大起，四下無路。瓘叱左右令放火，盡燒糧草車輛。一霎時，火光突起，烈火燒空。瓘大叫曰：「事已急矣！汝等宜死戰！」乃提兵望西殺出。背後姜維三路追趕。維只道王瓘捨命撞回魏國，不想反殺入漢中而去。瓘因兵少，只恐追兵趕上，遂將棧道并各關隘盡皆燒燬。姜維恐漢中有失，遂不追鄧艾，提兵連夜抄小路來追殺王瓘。瓘被四面蜀兵攻擊，投黑龍江而死。餘兵盡被姜維坑之。維雖然勝了鄧艾，却折了許多糧草，又毀了棧道，乃引兵還漢中。鄧艾引部下敗兵，逃回祁山寨內，上表請罪，自貶其職。司馬昭見艾數有大功，不忍貶之，復加厚賜。艾將原賜財物，盡分給被害將士之家。昭恐蜀兵又出，遂添兵五萬，與艾守禦。姜維連夜修了棧道，又議出師。正是：連修棧道兵連出，不伐中原死不休。未知勝負如何，且看下文分解。

－－－－－－

① 魯昭公不忍季氏，敗走失國－－春秋時，魯國大夫季孫氏（省稱季氏）掌握政權，魯君空有虛名。魯昭公心中不服，派兵攻打季氏，結果失敗，逃到齊國。

第一百十五回　詔班師後主信纔　託屯田姜維避禍

却說蜀漢景耀五年，冬十月，大將軍姜維，差人連夜修了棧道，整頓軍糧兵器；又於漢中水路調撥船隻。俱已完備，上表奏後主曰：「臣累出戰，雖未成大功，已挫動魏人心膽；今養兵日久，不戰則懶，懶則致病。況今軍思効死，將思用命。臣如不勝，當受死罪。」後主覽表，猶豫未決。譙周出班奏曰：「臣夜觀天文，見西蜀分野，將星暗而不明。今大將軍又欲出師，此行甚是不利。陛下可降詔止之。」後主曰：「且看此行若何。果然有失，却當阻之。」譙周再三諫勸不從，乃歸家歎息不已，遂推病不出。

却說姜維臨興兵，乃問廖化曰：「吾今出師，誓欲恢復中原，當先取何處？」化曰：「連年征伐，軍民不寧；兼魏有鄧艾，足智多謀，非等閒之輩：將軍猶欲行強為之事——此化所以不敢專也。」維勃然大怒曰：「昔丞相六出祁山，亦為國也。吾今八次伐魏，豈為一己之私哉？今當先取洮陽。如有逆吾者必斬！」遂留廖化守漢中，自同諸將提兵三十萬，逕取洮陽而來。早有川口人報入祁山寨中。時鄧艾正與司馬望談兵，聞知此信，遂令人哨探。回報蜀兵盡從洮陽而出。司馬望曰：「姜維多計，莫非虛取洮陽而實來取祁山乎？」鄧艾曰：「今姜維實出洮陽也。」望曰：「公何以知之？」艾曰：「向者姜維累出吾有糧之地，今洮陽無糧，維必料吾只守祁山，不守洮陽，故逕取洮陽：如得此城，屯糧積草，結連羌人，以圖久計耳。」望曰：「若此，如之奈何？」艾曰：「可盡撤此處之兵，分為兩路去救洮陽：離洮陽二十五里，有侯河小城，乃洮陽咽喉之地。公引一軍伏於洮陽，偃旗息鼓，大開四門，如此如此而行；我却引一軍伏侯河——必獲大勝也。」籌畫已定，各各依計而行。只留偏將師纂守祁山寨。

却說姜維令夏侯霸為前部，先引一軍逕取洮陽。霸提兵前進，將近洮陽，望見城上並無一桿旌旗，四門大開。霸心下疑惑，未敢入城，回顧諸將曰：「莫非詐乎？」諸將曰：「眼見得是空城，只有些小百姓，聽知大將軍兵到，盡棄城而去了。」霸未信，自縱馬於城南視之，只見城後老小無數，皆望西北而逃。霸大喜曰：「果空城也。」遂當先殺入，餘衆隨後而進。方到甕城邊，忽然一聲礮響，城上鼓角齊鳴，旌旗遍豎，拽起弔橋。霸大驚曰：「誤中計矣！」慌欲退時，城上矢石如雨。可憐夏侯霸同五百軍，皆死於城下。後人有詩歎曰：

大膽姜維妙算長，誰知鄧艾暗隄防。可憐投漢夏侯霸，頃刻城邊箭下亡。

司馬望從城內殺出，蜀兵大敗而逃。隨後姜維引接應兵到，殺退司馬望，就傍城下寨。維聞夏侯霸射死，嗟傷不已。是夜二更，鄧艾自侯河城內，暗引一軍潛地殺入蜀寨。蜀兵大亂，姜維禁止不住。城上鼓角喧天，司馬望引兵殺出。兩下夾攻，蜀兵大敗。維左衝右突，死戰得脫，退二十餘里下寨。蜀兵兩番敗走之後，心中搖動。維與諸將曰：「勝敗乃兵家之常。今雖損兵折將，不足為憂。成敗之事，在此一舉。汝等始終勿改。如有言退者立斬。」張翼進言曰：「魏兵皆在此處，祁山必然空虛。將軍整兵與鄧艾交鋒，攻打洮陽、侯河；某引一軍取祁山。取了祁山九寨，便驅兵向長安：此為上計。」

維從之，即令張翼引後軍逕取祁山。維自引兵到侯河搦鄧艾交戰。艾引軍出迎。兩軍對圓，二人交鋒數十餘合，不分勝負，各收兵回寨。次日，姜維又引兵挑戰，鄧艾按兵不出。姜維令軍辱罵，鄧艾尋思曰：「蜀人被吾大殺一陣，全然不退，連日反來搦戰：必分兵去襲祁山寨也。守寨將師纂，兵少智寡，必然敗矣。吾當親往救之。」乃喚子鄧忠分付曰：「汝用心守把此處，任他搦戰，卻勿輕出。吾今夜引兵去祁山救應。」是夜二更，姜維正在寨中設計，忽聽得寨外喊聲震地，鼓角喧天：人報鄧艾引三千精兵夜戰，諸將欲出。維止之曰：「勿得妄動。」原來鄧艾引兵至蜀寨前哨探了一遍，乘勢去救祁山。鄧忠自入城去了。姜維喚諸將曰：「鄧艾虛作夜戰之勢，必然去救祁山寨矣。」乃喚傅僉分付曰：「汝守此寨，勿輕與敵。」囑畢，維自引三千兵來助張翼。

卻說張翼正到祁山攻打，守寨將師纂兵少，支持不住。看看待破，忽然鄧艾兵至，衝殺了一陣，蜀兵大敗，把張翼隔在山後，絕了歸路。正慌急之間，忽聽的喊聲大震，鼓角喧天，只見魏兵紛紛倒退。左右報曰：「大將軍姜伯約殺到。」翼乘勢驅兵相應。兩下夾攻，鄧艾折了一陣，急退上祁山寨不出。姜維令兵四面攻圍。

話分兩頭：却說後主在成都，聽信宦官黃皓之言，又溺於酒色，不理朝政。時有大臣劉琰妻胡氏，極有顏色；因入宮朝見皇后，后留在宮中，一月方出。琰疑其妻與後主私通，乃喚帳下軍士五百人，列於前，將妻綁縛，令每軍以履撻其面數十，幾死復甦。後主聞之大怒，令有司議劉琰罪。有司議得：卒非撻妻之人，面非受刑之地：合當棄市。遂斬劉琰。自此命婦①不許入朝。然一時官僚以後主荒淫，多有疑怨者。於是賢人漸退，小人日進。時右將軍閻宇，身無寸功；只因阿附黃皓，遂得重爵；聞姜維統兵在祁山，乃說皓奏後主曰：「姜維屢戰無功，可命閻宇代之。」後主從其言，遣使齎詔，召回姜維。維正在祁山攻打寨柵，忽一日三道詔至，宣維班師。維只得遵命，先令洮陽兵退，次後與張翼徐徐而退。鄧艾在寨中，只聽得一夜鼓角喧天，不知何意。至平明，人報蜀兵盡退，止留空寨。艾疑有計，不敢追襲。

姜維逕到漢中，歇住人馬，自與使命入成都見後主。

後主一連十日不朝。維心中疑惑。是日至東華門，遇見祕書郎郤正。維問曰：「天子召維班師，公知其故否？」正笑曰：「大將軍何尚不知：黃皓欲使閻宇立功，奏聞朝廷，發詔取回將軍——今聞鄧艾善能用兵，因此寢②其事矣。」維大怒曰：「我必殺此宦豎！」郤正止之曰：「大將軍繼武侯之事，任大職重，豈可造次？倘若天子不容，反為不美矣。」維謝曰：「先生之言是也。」次日，後主與黃皓在後園宴飲，維引數人逕入。早有人報知黃皓，皓急避於湖山之側。維至亭下，拜了後主，泣奏曰：「臣困鄧艾於祁山，陛下連降三詔，召臣回朝，未審聖意為何？」後主默然不語。維又奏曰：「黃皓奸巧專權，乃靈帝時十常侍也。陛下近則鑒於張讓，遠則鑒於趙高③。早殺此人，朝廷自然清平，中原方可恢復。」後主笑曰：「黃皓乃趨走小臣，縱使專權，亦無能為。昔者董允每切齒恨皓，朕甚怪之。卿何必介意？」維叩頭奏曰：「陛下今日不殺黃皓，禍不遠也。」後主曰：「『愛之欲其生，惡之欲其死。』卿何不容一宦官耶？」令近侍於湖山之側，喚出黃皓至亭下，命拜姜維伏罪。皓哭拜維曰：「某早晚趨侍聖上而已，並不干與國政。將軍休聽外人之言，欲殺某也。某命係於將軍，惟將軍憐之。」言罷，叩頭流涕。

維忿忿而出，即往見郤正，備將此事告之。正曰：「將軍禍不遠矣。將軍若危，國家隨滅。」維曰：「先生幸教我以保國安身之策。」正曰：「隴西有一去處，名曰沓中：此地極其肥壯。將軍何不效武侯屯田之事，奏知天子，前去沓中屯田？一者：得麥熟以助軍實；二者，可以盡圖隴右諸郡；三者，魏人不敢正視漢中；四者，將軍在外掌握兵權，人不能圖，可以避禍：此乃保國安身之策也，宜早行之。」維大喜，謝曰：「先生金玉之言也。」次日，姜維表奏後主，求沓中屯田，效武侯之事。後主從之。維遂還漢中，聚諸將曰：「某累出師，因糧不足，未能成功。今吾提兵八萬，往沓中種麥屯田，徐圖進取。汝等久戰勞苦，今日斂兵聚穀，退守漢中；魏兵千里運糧，經涉山嶺，自然疲乏；疲乏必退：那時乘虛追襲，無不勝矣。」遂令胡濟守漢壽城，王含守樂城，蔣斌守漢城，蔣舒、傅僉同守關隘。分撥已畢，維自引兵八萬，來沓中種麥，以為久計。

却說鄧艾聞姜維在沓中屯田，於路下四十餘營，連絡不絕，如長蛇之勢。艾遂令細作相了地形，畫成圖本，具表申奏。晉公司馬昭見之，大怒曰：「姜維屢犯中原，不能剿除，是吾心腹之患也。」賈充曰：「姜維深得孔明傳授，急難退之。須得一智勇之將，往刺殺之，可免動兵之勞。」從事中郎荀勗曰：「不然：今蜀主劉禪溺於酒色，信用黃皓，大臣皆有避禍之心——姜維在沓中屯田，正避禍之計也。若令大將伐之，無有不勝，何必用刺客乎？」昭大笑曰：「此言最善。吾欲伐蜀，誰可為將？」荀勗曰：「鄧艾乃世之良材，更得鍾會為副將，大事成矣。」昭大喜曰：「此言正合吾意。」乃召鍾會入而問曰：「吾欲令汝為大將，去伐東吳，可乎？」會曰：「主公之意，本不欲伐吳，實欲伐蜀也。」昭大笑曰：「子誠識吾心也——但卿往伐蜀，當用何策？」會曰：「某料主公欲伐蜀，已畫圖本在此。」昭展開視之：圖中細載一路安營下寨屯糧積草之處，從何而進，從何而退，一一皆有法度。昭看了大喜曰：「眞良將也！卿與鄧艾合兵取蜀，何如？」會曰：「蜀川道廣，非一路可進；當使鄧艾分兵各進，可也。」昭遂拜鍾會為鎮西將軍，假節鉞，都督關中人馬，調遣青、徐、兗、豫、荊、揚等處；一面差人持節令鄧艾為征西將軍，都督關外隴上，使約期伐蜀。次日，司馬昭於朝中計議此事，前將軍鄧敦曰：「姜維屢犯中原，我兵折傷甚多；只今守禦，尚自未保，奈何深入山川危險之地，自取禍亂耶？」昭怒曰：「吾欲興仁義之師，伐無道之主，汝安敢逆吾意？」叱武士推出斬之。須臾，呈鄧敦首級於階下。眾皆失色。昭曰：「吾自征東以來，息歇六年，治兵繕甲，皆已完備，欲伐吳、蜀久矣。今先定西蜀，乘順流之勢，水陸並進，併吞東吳：此滅虢取虞之道也。吾料西蜀將士，守成都者八九萬，守邊境者不過四五萬，姜維屯田者不過六七萬。今吾已令鄧艾引關外隴右之兵十餘萬，絆住姜維於沓中，使不得東顧；遣鍾會引關中精兵二三十萬，直抵駱谷：三路以襲漢中。蜀主劉禪昏闇，邊城外破，士女內震，其亡可必矣。」眾皆拜服。

却說鍾會受了鎮西將軍之印，起兵伐蜀。會恐機謀或洩，却以伐吳為名，令青、兗、豫、荊、揚等五處各造大船；又遣唐咨於登、萊等州傍海之處，拘集海船。司馬昭不知其意，遂召鍾會問之曰：「子從旱路收川，何用造船耶？」會曰：「蜀若聞我兵大進，必求救於東吳也：故先布聲勢，作伐吳之狀，吳必不敢妄動。一年之內，蜀已破，船已成，而伐吳，豈不順乎？」昭大喜，選日出師。時魏景元四年，秋七月初三日，鍾會出師。司馬昭送之於城外十里方回。西曹掾邵悌密謂司馬昭曰：「今主公遣鍾會領十萬兵伐蜀，愚料會志大心高，不可使獨掌大權。」昭笑曰：「吾豈不知之？」悌曰：「主公既知，何不使人同領其職？」昭言無數語，使邵悌疑心頓釋。正是：方當士馬驅馳日，早識將軍跋扈心。未知其言若何，且看下文分解。

——————

① 命婦——受過皇帝的封號的婦人。

② 寢——這裏是停止的意思。

③ 趙高——秦朝宦官，秦二世時的權臣，專權誤國。

第一百十六回　鍾會分兵漢中道　武侯顯聖定軍山

却說司馬昭謂西曹掾邵悌曰：「朝臣皆言蜀未可伐，是其心怯；若使強戰，必敗之道也。今鍾會獨建伐蜀之策，是其心不怯；心不怯，則破蜀必矣；蜀既破，則蜀人心膽已裂。『敗軍之將，不可以言勇；亡國之大夫，不可以圖存。』會卽有異志，蜀人安能助之乎？至若魏人得勝思歸，必不從會而反，更不足慮耳。此言乃吾與汝知之，切不可泄漏。」邵悌拜服。

却說鍾會下寨已畢，升帳大集諸將聽令。時有監軍衛瓘，護軍胡烈，大將田續、龐會、田章、爰（青彡）、丘建、夏侯咸、王買、皇甫闓、句安等八十餘員。會曰：「必須一大將為先鋒，逢山開路，遇水疊橋。誰敢當之？」一人應聲曰：「某願往。」會視之：乃虎將許褚之子許儀也。衆皆曰：「非此人不可為先鋒。」會喚許儀曰：「汝乃虎體猿班之將，父子有名：今衆將亦皆保汝，汝可掛先鋒印，領五千馬軍、一千步軍，逕取漢中。分兵三路：汝領中路，出斜谷；左軍出駱谷；右軍出子午谷：此皆崎嶇山險之地，當令軍填平道路，修理橋梁，鑿山破石，勿使阻礙。如違必按軍法。」許儀受命，領兵而進。鍾會隨後提十萬餘衆，星夜起程。

卻說鄧艾在隴西，既受伐蜀之詔，一面令司馬望往遏羌人。又遣雍州刺史諸葛緒，天水太守王頎，隴西太守牽弘，金城太守楊欣，各調本部兵前來聽令。比及軍馬雲集，鄧艾夜作一夢：夢見登高山，望漢中，忽於脚下迸出一泉，水勢上湧。須臾驚覺，渾身汗流；遂坐而待旦，乃召護衛爰邵問之。邵素明《周易》。艾備言其夢。邵答曰：「《易》云：『山上有水曰蹇。』《蹇卦》者：『利西南，不利東北。』孔子云：『蹇利西南，往有功也；不利東北，其道窮也。』將軍此行，必然克蜀。但可惜蹇滯不能還。」艾聞言，愀然不樂。忽鍾會檄文至，約艾起兵，於漢中取齊。艾遂遣雍州刺史諸葛緒，引兵一萬五千，先斷姜維歸路；次遣天水太守王頎，引兵一萬五千，從左攻沓中；隴西太守牽弘，引一萬五千人，從右攻沓中；又遣金城太守楊欣，引一萬五千人，於甘松邀姜維之後。艾自引兵三萬，往來接應。

却說鍾會出師之時，有百官送出城外，旌旗蔽日，鎧甲凝霜，人強馬壯，威風凜然：人皆稱羨，惟有相國參軍劉寔，微笑不語。太尉王祥，見寔冷笑，就馬上握其手而問曰：「鍾、鄧二人，此去可平蜀乎？」寔曰：「破蜀必矣——但恐皆不得還都耳。」王祥問其故，劉寔但笑而不答。祥遂不復問。

却說魏兵既發，早有細作入沓中報知姜維。維即具表申奏後主：「請降詔遣左車騎將軍張翼領兵守護陽平關，右車騎將軍廖化領兵守陰平橋頭：這二處最為要緊，若失二處，漢中不保矣。一面當遣使入吳求救。臣一面自起沓中之兵拒敵。」時後主改景耀六年為炎興元年，日與宦官黃皓在宮中遊樂。忽接姜維之表，即召黃皓問曰：「今魏國遣鍾會、鄧艾大起人馬，分道而來，如之奈何？」皓奏曰：「此乃姜維欲立功名，故上此表。陛下寬心，勿生疑慮。臣聞城中有一師婆，供奉一神，能知吉凶，可召來問之。」後主從其言，於後殿陳設香花紙燭享祭禮物，令黃皓用小車請入宮中，坐於龍牀之上。後主焚香祝畢，師婆忽然披髮跣足，就殿上跳躍數十遍，盤旋於案上。皓曰：「此神人降矣。陛下可退左右親禱之。」後主盡退侍臣，再拜祝之。師婆大叫曰：「吾乃西川土神也。陛下欣樂太平，何為求問他事？數年之後，魏國疆土亦歸陛下矣。陛下切勿憂慮。」言訖，昏倒於地，半晌方甦。後主大喜，重加賞賜。自此深信師婆之說，遂不聽姜維之言，每日只在宮中飲宴歡樂。姜維累申告急表文，皆被黃皓隱匿：因此誤了大事。

　　却說鍾會大軍，迤邐望漢中進發。前軍先鋒許儀，要立頭功，先領兵至南鄭關。儀謂部將曰：「過此關即漢中矣。關上不多人馬，我等便可奮力搶關。」衆將領命，一齊并力向前。原來守關蜀將盧遜，早知魏兵將到，先於關前木橋左右，伏下軍士，裝起武侯所遺十矢連弩；比及許儀兵來搶關時，一聲梆子響處，矢石如雨。儀急退時，早射倒數十騎。魏兵大敗。儀回報鍾會。會自提帳下甲士百餘騎來看，果然箭弩一齊射下。會撥馬便回，關上盧遜引五百軍殺下來。會拍馬過橋，橋上土塌，陷住馬蹄，爭些兒掀下馬來。馬掙不起，會棄馬步行：跑下橋時，盧遜趕上，一鎗刺來－－却被魏兵中荀愷回身一箭，射盧遜落馬。鍾會麾衆乘勢搶關，關上軍士因有蜀兵在關前，不敢放箭。被鍾會殺散，奪了山關。卽以荀愷為護軍，以全副鞍馬鎧甲賜之。會喚許儀至帳下，責之曰：「汝為先鋒，理合逢山開路，遇水疊橋，專一修理橋梁道路，以便行軍。吾方纔到橋上，陷住馬蹄，幾乎墮橋；若非荀愷，吾已被殺矣！汝既違軍令，當按軍法！」叱左右推出斬之。諸將告曰：「其父許褚有功於朝廷，望都督恕之。」會怒曰：「軍法不明，何以令衆？」遂令斬首示衆。諸將無不駭然。

時蜀將王含守樂城，蔣斌守漢城，見魏兵勢大，不敢出戰，只閉門自守。鍾會下令曰：「兵貴神速，不可少停。」乃令前軍李輔圍樂城，護軍荀愷圍漢城，自引大軍取陽安關。守關蜀將傅僉與副將蔣舒商議戰守之策。舒曰：「魏兵甚衆，勢不可當；不如堅守為上。」僉曰：「不然：魏兵遠來，必然疲困，雖多不足懼。我等若不下關戰時，漢、樂二城休矣。」蔣舒默然不答。忽報魏兵大隊已至關前，蔣、傅二人至關上視之。鍾會揚鞭大叫曰：「吾今統十萬之衆到此，如早早出降，各依品級陞用；如執迷不降，打破關隘，玉石俱焚！」傅僉大怒，令蔣舒把關，自引三千兵殺下關來。鍾會便走，魏兵盡退。僉乘勢追之，魏兵復合。僉欲退入關時，關上已豎起魏家旗號：只見蔣舒叫曰：「吾已降了魏也！」僉大怒，厲聲罵曰：「忘恩背義之賊，有何面目見天下乎！」撥回馬復與魏兵接戰。魏兵四面合來，將傅僉圍在垓心。僉左衝右突，往來死戰，不能得脫；所領蜀兵，十傷八九。僉乃仰天歎曰：「吾生為蜀臣，死亦當為蜀鬼！」乃復拍馬衝殺，身被數鎗，血盈袍鎧；坐下馬倒，僉自刎而死。後人有詩歎曰：

一日抒忠憤，千秋仰義名。寧為傅僉死，不作蔣舒生。

鍾會得了陽安關，關內所積糧草、軍器極多，大喜，遂犒三軍。是夜魏兵宿於陽安城中，忽聞西南上喊聲大震。鍾會慌忙出帳視之，絕無動靜。魏軍一夜不敢睡。次夜三更，西南上喊聲又起。鍾會驚疑，向曉，使人探之。回報曰：「遠哨十餘里，並無一人。」會驚疑不定，乃自引數百騎，俱全裝慣帶，望西南巡哨。前至一山，只見殺氣四面突起，愁雲布合，霧鎖山頭。會勒住馬，問鄉導官曰：

「此何山也？」答曰：「此乃定軍山，昔日夏侯淵歿於此處。」會聞之，悵然不樂，遂勒馬而回。轉過山坡，忽然狂風大作，背後數千騎突出，隨風殺來。會大驚，引衆縱馬而走。諸將墜馬者，不計其數。及奔到陽安關時，不曾折一人一騎，只跌損面目，失了頭盔。皆言曰：「但見陰雲中人馬殺來，比及近身，却不傷人，只是一陣旋風而已。」會問降將蔣舒曰：「定軍山有神廟乎？」舒曰：「並無神廟，惟有諸葛武侯之墓。」會驚曰：「此必武侯顯聖也。吾當親往祭之。」次日，鍾會備祭禮，宰太牢，自到武侯墓前再拜致祭。祭畢，狂風頓息，愁雲四散。忽然清風習習，細雨紛紛。一陣過後，天色晴朗。魏兵大喜，皆拜謝回營。是夜鍾會在帳中伏几而寢，忽然一陣清風過處，只見一人綸巾羽扇，身衣鶴氅，素履皂縧，面如冠玉，脣若抹硃，眉清目朗，身長八尺，飄飄然有神仙之概。其人步入帳中。會起身迎之曰：「公何人也？」其人曰：「今早重承見顧。吾有片言相告：雖漢祚已衰，天命難違，然兩川生靈，橫罹兵革，誠可憐憫。汝入境之後，萬勿妄殺生靈。」言訖，拂袖而去。會欲挽留之，忽然驚醒：乃是一夢。會知是武侯之靈，不勝驚異。於是傳令前軍，立一白旗，上書「保國安民」四字；所到之處，如妄殺一人者償命。於是漢中人民，盡皆出城拜迎。會一一撫慰，秋毫無犯。後人有詩讚曰：

數萬陰兵遶定軍，致令鍾會拜靈神。生能決策扶劉氏，死尚遺言保蜀民。

卻說姜維在沓中，聽知魏兵大至，傳檄廖化、張翼、董厥提兵接應；一面自分兵列將以待之。忽報魏兵至。維引兵出迎。魏陣中為首大將乃天水太守王頎也。頎出馬大呼曰：「吾今大兵百萬，上將千員，分二十路而進，已到成都。汝不思早降，猶欲抗拒，何不知天命耶！」維大怒，挺鎗縱馬，直取王頎。戰不三合。頎大敗而走。姜維驅兵追殺至二十里，只聽得金鼓齊鳴：一枝兵擺開，旗上大書「隴西太守牽弘」字樣。維笑曰：「此等鼠輩，非吾敵手！」遂催兵追之。又趕到十里，卻遇鄧艾領兵殺到。兩軍混戰。維抖擻精神，與艾戰有十餘合，不分勝負——後面鑼鼓又鳴。維急退時，後軍報說：「甘松諸寨，盡被金城太守楊欣燒毀了。」維大驚，急令副將虛立旗號，與鄧艾相拒。維自撤後軍，星夜來救甘松，正遇楊欣。欣不敢交戰，望山路而走。維隨後趕來。將至山巖下，巖上木石如雨，維不能前進。比及回到半路，蜀兵已被鄧艾殺敗。魏兵大隊而來，將姜維圍住。維引衆騎殺出重圍，奔入大寨堅守，以待救兵。忽然流星馬到，報說：「鍾會打破陽安關，守將蔣舒歸降，傅僉戰死，漢中已屬魏矣。樂城守將王含，漢城守將蔣斌，知漢中已失，亦開門而降。胡濟抵敵不住，逃回成都求援去了。」

維大驚，即傳令拔寨。是夜兵至彊川口，前面一軍擺開，為首魏將，乃是金城太守楊欣。維大怒，縱馬交鋒；只一合，楊欣敗走，維拈弓射之，連射三箭皆不中。維轉怒，自折其弓，挺鎗趕來。戰馬前失，將維跌在地上。楊欣撥回馬來殺姜維。維躍起身，一鎗刺去，正中楊欣馬腦。背後魏兵驟至，救欣去了。維騎上從馬，欲待追時，忽報後面鄧艾兵到。維首尾不能相顧，遂收兵要奪漢中。哨馬報說：「雍州刺史諸葛緒已斷了歸路。」維乃據山險下寨。魏兵屯於陰平橋頭。維進退無路，長歎曰：「天喪我也！」副將甯隨曰：「魏兵雖斷陰平橋頭，雍州必然兵少，將軍若從孔函谷，逕取雍州，諸葛緒必撤陰平之兵救雍州，將軍却引兵奔劍閣守之，則漢中可復矣。」維從之，卽發兵入孔函谷，詐取雍州。細作報知諸葛緒。緒大驚曰：「雍州是吾合守之地，倘若疎失，朝廷必然問罪。」急撤大兵從南路去救雍州，只留一枝兵守橋頭。姜維入北道，約行三十里，料知魏兵起行，乃勒回兵，後隊作前隊，逕到橋頭，果然魏兵大隊已去，只有些小兵把守；被維一陣殺散。盡燒其寨柵。諸葛緒聽知橋頭火起，復引兵回，姜維兵已過半日了，因此不敢追趕。

却說姜維引兵過了橋頭，正行之間，前面一軍來到：乃左將軍張翼、右將軍廖化也。維問之。翼曰：「黃皓聽信師巫之言，不肯發兵。翼聞漢中已危，自起兵來時，陽安關已被鍾會所取。今聞將軍受困，特來接應。」遂合兵一處，前赴白水關。化曰：「今四面受敵，糧道不通，不如退守劍閣，再作良圖。」維疑慮未決。忽報鍾會、鄧艾分兵十餘路殺來。維欲與翼、化分兵迎之。化曰：「白水地狹路多，非爭戰之所，不如且退去救劍閣可也：若劍閣一失，是絕路矣。」維從之，遂引兵來投劍閣。將近關前，忽報鼓角齊鳴，喊聲大起，旌旗遍豎，一枝軍把住關口。正是：漢中險峻已無有，劍閣風波又忽生。未知何處之兵，且看下文分解。

第一百十七回　鄧士載偷度陰平　諸葛瞻戰死綿竹

却說輔國大將軍董厥，聞魏兵十餘路入境，乃引二萬兵守住劍閣；當日望塵頭大起，疑是魏兵，急引軍把住關口。董厥自臨軍前視之——乃姜維、廖化、張翼也。厥大喜，接入關上，禮畢，哭訴後主黃皓之事。維曰：「公勿憂慮：若有維在，必不容魏來吞蜀也。且守劍閣，徐圖退敵之計。」厥曰：「此關雖然可守，爭奈成都無人：倘為敵人所襲，大勢瓦解矣。」維曰：「成都山險地峻，非可易取：不必憂也。」正言間，忽報諸葛緒領兵殺至關下，維大怒，急引五千兵殺下關來，直撞入魏陣中，左衝右突，殺得諸葛緒大敗而走，退數十里下寨。魏軍死者無數。蜀兵搶了許多馬匹器械。維收兵回關。

却說鍾會離劍閣二十五里下寨，諸葛緒自來伏罪。會怒曰：「吾令汝守把陰平橋頭，以斷姜維歸路，如何失了！今又不得吾令，擅自進兵，以致此敗！」緒曰：「維詭計多端，詐取雍州；緒恐雍州有失，引兵去救，維乘機走脫；緒因趕至關下，不想又為所敗。」會大怒，叱令斬之。監軍衛瓘曰：「緒雖有罪，乃鄧征西所督之人：不爭將軍殺之，恐傷和氣。」會曰：「吾奉天子明詔、晉公鈞命：特來伐蜀。便是鄧艾有罪，亦當斬之。」衆皆力勸。會乃將諸葛緒用檻車載赴洛陽，任晉公發落；隨將緒所領之兵，收在部下調遣。有人報與鄧艾。艾大怒曰：「吾與汝官品一般，吾久鎮邊疆，於國多勞，汝安敢妄自尊大耶！」子鄧忠勸曰：「『小不忍則亂大謀』：父親若與他不睦，必誤國家大事。望且容忍之。」艾從其言——然畢竟心中懷怒，乃引十數騎來見鍾會。會聞艾至，便問左右：「艾引多少軍來？」左右答曰：「只有十數騎。」會乃令帳上帳下列武士數百人。艾下馬入見。會接入帳禮畢。艾見軍容甚肅，心中不安，乃以言挑之曰：「將軍得了漢中，乃朝廷大幸也，可定策早取劍關。」會曰：「將軍明見若何？」艾再三推稱無能。會固問之。艾答曰：「以愚意度之，可引一軍從陰平小路出漢中德陽亭，用奇兵逕取成都，姜維必撤兵來救，將軍乘虛就取劍關，可獲全功。」會大喜曰：「將軍此計甚妙！可即引兵去。吾在此專候捷音！」二人飲酒相別。會回本帳與諸將曰：「人皆謂鄧艾有能。今日觀之，乃庸才耳！」衆問其故。會曰：「陰平小路，皆高山峻嶺，若蜀以百餘人守其險要，斷其歸路，則鄧艾之兵皆餓死矣。吾只以正道而行，何愁蜀地不破乎！」遂置雲梯礮架，只打劍門關。

却說鄧艾出轅門上馬，回顧從者曰：「鍾會待吾若何？」從者曰：「觀其辭色，甚不以將軍之言為然，但以口強應而已。」艾笑曰：「彼料我不能取成都，我偏欲取之！」回到本寨，師纂、鄧忠一班將士接問曰：「今日與鍾鎮西有何高論？」艾曰：「吾以實心告彼，彼以庸才視我。彼今得漢中，以為莫大之功；若非吾屯沓中絆住姜維，彼安能成功耶！吾今若取了成都，勝取漢中矣！」當夜下令，盡拔寨望陰平小路進兵，離劍閣七百里下寨。有人報鍾會，說：「鄧艾要去取成都了。」會笑艾不智。

却說鄧艾一面修密書遣使馳報司馬昭，一面聚諸將於帳下問曰：「吾今乘虛去取成都，與汝等立功名於不朽，汝等肯從乎？」諸將應曰：「願遵軍令，萬死不辭！」艾乃先令子鄧忠引五千精兵，不穿衣甲，各執斧鑿器具，凡遇峻危之處，鑿山開路，搭造橋閣，以便行軍。艾選兵三萬，各帶乾糧繩索進發。約行百餘里，選下三千兵，就彼紮寨；又行百餘里，又選三千兵下寨。是年十月自陰平進兵，至於巔崖峻谷之中，凡二十餘日，行七百餘里，皆是無人之地。魏兵沿途下了數寨，只剩下二千人馬。前至一嶺，名摩天嶺。馬不堪行。艾步行上嶺——正見鄧忠與開路壯士盡皆哭泣。艾問其故。忠告曰：「此嶺西背是峻壁巔崖，不能開鑿，虛廢前勞，因此哭泣。」艾曰：「吾軍到此，已行了七百餘里，過此便是江油，豈可復退？」乃喚諸軍曰：「『不入虎穴，焉得虎子？』吾與汝等來到此地，若得成功，富貴共之。」衆皆應曰：「願從將軍之命。」艾令先將軍器攛將下去。艾取氈自裹其身，先滾下去。副將有氈衫者裹身滾下，無氈衫者各用繩索束腰，攀木挂樹，魚貫①而進。鄧艾、鄧忠，并二千軍，及開山壯士，皆度了摩天嶺。方纔整頓衣甲器械而行，忽見道傍有一石碣，上刻：「丞相諸葛武侯題」。其文云：「二火初興，有人越此。二士爭衡，不久自死。」艾觀訖大驚，慌忙對碣再拜曰：「武侯眞神人也！艾不能以師事之，惜哉！」後人有詩曰：

陰平峻嶺與天齊，玄鶴徘徊尚怯飛。鄧艾裹氈從此下，誰知諸葛有先幾。

卻說鄧艾暗度陰平，引兵行時，又見一個大空寨。左右告曰：「聞武侯在日，曾發一千兵守此險隘。今蜀主劉禪廢之。」艾嗟呀不已，乃謂衆人曰：「吾等有來路而無歸路矣！前江油城中，糧食足備：汝等前進可活，後退即死，須併力攻之。」衆皆應曰：「願死戰！」於是鄧艾步行，引二千餘人，星夜倍道來搶江油城。

卻說江油城守將馬邈，聞東川已失，雖為準備，只是隄防大路；又仗着姜維全師，守住劍門關，遂將軍情不以為重。當日操練人馬回家，與妻李氏擁爐飲酒。其妻問曰：「屢聞邊情甚急，將軍全無憂色，何也？」邈曰：「大事自有姜伯約掌握，干我甚事？」其妻曰：「雖然如此，將軍所守城池，不為不重。」邈曰：「天子聽信黃皓，溺於酒色，吾料禍不遠矣。魏兵一到，降之為上，何必慮哉？」其妻大怒，唾邈面曰：「汝為男子，先懷不忠不義之心，枉受國家爵祿，吾有何面目與汝相見耶！」馬邈羞慚無語。

忽家人慌入報曰：「魏將鄧艾不知從何而來，引二千餘人，一擁而入城矣。」邈大驚，慌出納降，拜伏於公堂之下，泣告曰：「某有心歸降久矣。今願招城中居民，及本部人馬，盡降將軍。」艾准其降。遂收江油軍馬於部下調遣，卽用馬邈為鄉導官。忽報馬邈夫人自縊身死。艾問其故，邈以實告。艾感其賢，令厚禮葬之，親往致祭。魏人聞者，無不嗟歎。後人有詩讚曰：

後主昏迷漢祚顛，天差鄧艾取西川。可憐巴蜀多名將，不及江油李氏賢。

鄧艾取了江油，遂接陰平小路諸軍，皆到江油取齊，逕來攻涪城。部將田續曰：「我軍涉險而來，甚是勞頓，且當休養數日，然後進兵。」艾大怒曰：「兵貴神速，汝敢亂我軍心耶！」喝令左右推出斬之。衆將苦告方免。艾自驅兵至涪城。城內官吏軍民疑從天降，盡皆出降。

蜀人飛報入成都。後主聞知，慌召黃皓問之。皓奏曰：「此詐傳耳。神人必不肯誤陛下也。」後主又宣師婆問時，却不知何處去了。此時遠近告急表文，一似雪片，往來使者，聯絡不絕。後主設朝計議，多官面面相覷，並無一言。郤正出班奏曰：「事已急矣！陛下可宣武侯之子商議退兵之策。」原來武侯之子諸葛瞻，字思遠。其母黃氏，卽黃承彥之女也。母貌甚陋，而有奇才：上通天文，下察地理；凡韜略遁甲諸書，無所不曉。武侯在南陽時，聞其賢，求以為室。武侯之學，夫人多所贊助焉。及武侯死後，夫人尋逝，臨終遺教，惟以忠孝勉其子瞻。瞻自幼聰敏，尚②後主女，為駙馬都尉。後襲父武鄉侯之爵。景耀四年，遷行軍護衛將軍。時為黃皓用事，故託病不出。當下後主從郤正之言，卽時連發三詔，召瞻至殿下。後主泣訴曰：「鄧艾兵已屯涪城，成都危矣。卿看先君之面，救朕之命！」瞻亦泣奏曰：「臣父子蒙先帝厚恩、陛下殊遇，雖肝腦塗地，不能補報。願陛下盡發成都之兵，與臣領去決一死戰。」後主卽撥成都兵將七萬與瞻。瞻辭了後主，整頓軍馬，聚集諸將問曰：「誰敢為先鋒？」言未訖，一少年將出曰：「父親既掌大權，兒願為先鋒。」衆視之：乃瞻長子諸葛尚也。尚時年一十九歲，博覽兵書，多習武藝。瞻大喜，遂命尚為先鋒。是日大軍離了成都，來迎魏兵。

卻說鄧艾得馬邈獻地理圖一本，備寫涪城至成都三百六十里山川道路，闊狹險峻，一一分明。艾看畢，大驚曰：「吾只守涪城，倘被蜀人據住前山，何能成功耶？如遷延日久，姜維兵到，我軍危矣。」速喚師纂并子鄧忠，分付曰：「汝等可引一軍，星夜逕去綿竹，以拒蜀兵。吾隨後便至。切不可怠緩。若縱他先據了險要，決斬汝首！」

師、鄧二人，引兵將至綿竹，早遇蜀兵。兩軍各布成陣。師、鄧二人，勒馬於門旗下，只見蜀兵列成八陣。三鼕鼓罷，門旗兩分，數十員將簇擁一輛四輪車，車上端坐一人，綸巾羽扇，鶴氅方裾，車傍展開一面黃旗，上書：「漢丞相諸葛武侯」。諕得師、鄧二人汗流遍身，回顧軍士曰：「原來孔明尚在，我等休矣！」

急勒兵回時，蜀兵掩殺將來，魏兵大敗而走。蜀兵掩殺二十餘里，遇見鄧艾援兵接應。兩家各自收兵。艾升帳而坐，喚師纂、鄧忠責之曰：「汝二人不戰而退，何也？」忠曰：「但見蜀陣中諸葛孔明領兵，因此奔還。」艾怒曰：「縱使孔明更生，我何懼哉！汝等輕退，以致於敗，宜速斬以正軍法！」衆皆苦勸，艾方息怒。令人哨探，回說孔明之子諸葛瞻為大將，瞻之子諸葛尚為先鋒——車上坐者乃木刻孔明遺像也。

艾聞之，謂師纂、鄧忠曰：「成敗之機，在此一舉。汝二人再不取勝，必當斬首！」師、鄧二人，又引一萬兵來戰。諸葛尚匹馬單鎗，抖擻精神，戰退二人。諸葛瞻指揮兩掖兵衝出，直撞入魏陣中，左衝右突，往來殺有數十番，魏兵大敗，死者不計其數。師纂、鄧忠中傷而逃。瞻驅士馬隨後掩殺二十餘里，紮營相拒。師纂、鄧忠，回見鄧艾。艾見二人俱傷，未便加責，乃與衆將商議曰：「蜀有諸葛瞻善繼父志，兩番殺吾萬餘人馬，今若不速破，後必為禍！」監軍丘本曰：「何不作一書以誘之？」艾從其言，遂作書一封，遣使送入蜀寨。守門將引至帳下，呈上其書。瞻拆封視之。書曰：

征西將軍鄧艾，致書於行軍護衛將軍諸葛思遠麾下：切觀近代賢才，未有如公之尊父也：昔自出茅廬，一言已分三國，掃平荊、益，遂成霸業，古今鮮有及者；後六出祁山，非其智力不足，乃天數耳。今後主昏弱，王氣已終，艾奉天子之命，以重兵伐蜀，已皆得其地矣。成都危在旦夕，公何不應天順人，仗義來歸？艾當表公為瑯琊王，以光耀祖宗，決不虛言：幸存照鑒。

瞻看畢，勃然大怒，扯碎其書，叱武士立斬來使，令從者持首級回魏營見鄧艾。艾大怒，卽欲出戰。丘本諫曰：「將軍不可輕出，當用奇兵勝之。」艾從其言，遂令天水太守王頎、隴西太守牽弘，伏兩軍於後。艾自引兵而來。此時諸葛瞻正欲搦戰，忽報鄧艾自引兵到。瞻大怒，卽引兵出，逕殺入魏陣中。鄧艾敗走。瞻隨後掩殺將來。忽然兩下伏兵殺出，蜀兵大敗，退入綿竹。艾令圍之。於是魏兵一齊吶喊，將綿竹圍的鐵桶相似。

諸葛瞻在城中，見事勢已迫，乃令彭和齎書殺出，往東吳求救。和至東吳，見了吳主孫休，呈上告急之書。吳主看罷，與羣臣計議曰：「既蜀中危急，孤豈可坐視不救？」卽令老將丁奉為主帥，丁封、孫異為副將，率兵五萬，前往救蜀。丁奉領旨出師，分撥丁封、孫異引兵二萬向沔中而進，自率兵三萬向壽春而進：分兵三路來援。

卻說諸葛瞻見救兵不至，謂衆將曰：「久守非良圖。」遂留子尚與尚書張遵守城，瞻自披挂上馬，引三軍大開三門殺出。鄧艾見兵出，便撤兵退。瞻奮力追殺，忽然一聲礮響，四面兵合，把瞻困在垓心。瞻引兵左衝右突，殺死數百人。艾令衆軍放箭射之，蜀兵四散。瞻中箭落馬，乃大呼曰：「吾力竭矣！當以一死報國！」遂拔劍自刎而死。其子諸葛尚在城上，見父死於軍中，勃然大怒，遂披挂上馬。張遵諫曰：「小將軍勿得輕出。」尚歎曰：「吾父子祖孫，荷國厚恩，今父既死於敵，我何用生為！」遂策馬殺出，死於陣中。後人有詩讚瞻、尚父子曰：

不是忠臣獨少謀，蒼天有意絕炎劉。當年諸葛留嘉胤，節義眞堪繼武侯。

鄧艾憐其忠，將父子合葬－－乘虛攻打綿竹。張遵、黃崇、李球三人，各引一軍殺出。蜀兵寡，魏兵衆，三人亦皆戰死，艾因此得了綿竹。勞軍已畢，遂來取成都。正是：試觀後主臨危日，無異劉璋受逼時。未知成都如何守禦，且看下文分解。

——————

① 魚貫——水中游魚，結隊而行，一個跟着一個。

② 尚——這裏是婚配的意思。

第一百十八回　哭祖廟一王死孝　入西川二士爭功

却說後主在成都，聞鄧艾取了綿竹，諸葛瞻父子已亡，大驚，急召文武商議。近臣奏曰：「城外百姓，扶老攜幼，哭聲大震，各逃生命。」後主驚惶無措。忽哨馬報到，說魏兵將近城下。多官議曰：「兵微將寡，難以迎敵；不如早棄成都，奔南中七郡：其地險峻，可以自守，就借蠻兵，再來克復未遲。」光祿大夫譙周曰：「不可：南蠻久反之人，平昔無惠；今若投之，必遭大禍。」多官又奏曰：「蜀、吳既同盟，今事急矣，可以投之。」周又諫曰：「自古以來，無寄他國為天子者。臣料魏能吞吳，吳不能吞魏。若稱臣於吳，是一辱也。若吳被魏所吞，陛下再稱臣於魏，是兩番之辱矣。不如不投吳而降魏。魏必裂土以封陛下，則上能自守宗廟，下可以保安黎民：願陛下思之。」後主未決，退入宮中。

次日衆議紛然。譙周見事急，復上疏諍之。後主從譙周之言。正欲出降；忽屏風後轉出一人，厲聲而罵周曰：「偷生腐儒，豈可妄議社稷大事！自古安有降天子哉！」

後主視之，乃第五子北地王劉諶也。後主生七子：長子劉璿，次子劉瑤，三子劉悰，四子劉瓚，五子卽北地王劉諶，六子劉恂，七子劉璩。七子中惟諶自幼聰明，英敏過人，餘皆懦善。後主謂諶曰：「今大臣皆議當降，汝獨仗血氣之勇，欲令滿城流血耶？」諶曰：「昔先帝在日，譙周未嘗干預國政；今妄議大事，輒起亂言，甚非理也。臣切料成都之兵，尚有數萬；姜維全師，皆在劍閣；若知魏兵犯闕，必來救應，內外攻擊，可獲全功。豈可聽腐儒之言，輕廢先帝之基業乎？」後主叱之曰：「汝小兒豈識天時！」諶叩頭哭曰：「若勢窮力極，禍敗將及，便當父子君臣背城一戰，同死社稷，以見先帝可也；奈何降乎！」後主不聽。諶放聲大哭曰：「先帝非容易創立基業；今一旦棄之，吾寧死不辱也！」後主令近臣推出宮門，遂令譙周作降書，遣私署侍中張紹、駙馬都尉鄧良同譙周齎玉璽來雒城請降。

時鄧艾每日令數百鐵騎來成都哨探。當日見立了降旗，艾大喜。不一時，張紹等至，艾令人迎入。三人拜伏於階下，呈上降款玉璽。艾拆降書視之，大喜，受下玉璽，重待張紹、譙周、鄧良等。艾作回書，付三人齎回成都，以安人心。三人拜辭鄧艾，逕還成都，入見後主，呈上回書，細言鄧艾相待之善。後主拆封視之，大喜，即遣太僕蔣顯齎敕令姜維早降；遣尚書郎李虎，送文簿與艾：共戶二十八萬，男女九十四萬，帶甲將士十萬二千，官吏四萬，倉糧四十餘萬，金銀二千斤，錦綺絲絹各二十萬疋。餘物在庫，不及具數。擇十二月初一日，君臣出降。

北地王劉諶聞知，怒氣沖天，乃帶劍入宮。其妻崔夫人問曰：「大王今日顏色異常，何也？」諶曰：「魏兵將近，父皇已納降款，明日君臣出降，社稷從此殄滅。吾欲先死以見先帝於地下，不屈膝於他人也！」崔夫人曰：「賢哉！賢哉！得其死矣！妾請先死，王死未遲。」諶曰：「汝何死耶？」崔夫人曰：「王死父，妾死夫：其義同也。夫亡妻死，何必問焉？」言訖，觸柱而死。諶乃自殺其三子，并割妻頭，提至昭烈廟中，伏地哭曰：「臣羞見基業棄於他人，故先殺妻子，以絕罣念，後將一命報祖！祖如有靈：知孫之心！」大哭一場，眼中流血，自刎而死。蜀人聞之，無不哀痛。後人有詩讚曰：

君臣甘屈膝，一子獨悲傷。去矣西川事，雄哉北地王！捐身酬烈祖，搔首泣穹蒼。凜凜人如在，誰云漢已亡？

後主聽北地王自刎，乃令人葬之。

次日，魏兵大至。後主率太子諸王，及羣臣六十餘人，面縛輿櫬①，出北門十里而降。鄧艾扶起後主，親解其縛，焚其輿櫬，並車入城。後人有詩歎曰：

魏兵數萬入川來，後主偷生失自裁。黃皓終存欺國意，姜維空負濟時才。全忠義士心何烈，守節王孫志可哀。昭烈經營良不易，一朝功業頓成灰。

於是成都之人，皆具香花迎接。艾拜後主為驃騎將軍，其餘文武，各隨高下拜官；請後主還宮，出榜安民，交割倉庫。又令太常張峻、益州別駕張紹，招安各郡軍民。又令人說姜維歸降。一面遣人赴洛陽報捷。艾聞黃皓奸險，欲斬之。皓用金寶賂其左右，因此得免。自是漢亡。後人因漢之亡，有追思武侯詩曰：

魚鳥猶疑畏簡書，風雲長為護儲胥。徒令上將揮神筆，終見降王走傳車。管樂有才真不忝；關張無命欲何如！他年錦里經祠廟，《梁父》吟成恨有餘！

且說太僕蔣顯到劍閣，入見姜維，傳後主勅命，言歸降之事。維大驚失語。帳下衆將聽知，一齊怨恨，咬牙怒目，鬚髮倒豎，拔刀砍石大呼曰：「吾等死戰，何故先降耶！」號哭之聲，聞數十里。維見人心思漢，乃以善言撫之曰：「衆將勿憂：吾有一計，可復漢室。」衆皆求問。姜維與諸將附耳低言，說了計策。即於劍門關遍豎降旗，先令人報入鍾會寨中，說姜維引張翼、廖化、董厥等來降。會大喜，令人迎接維入帳，會曰：「伯約來何遲也？」維正色流涕曰：「國家全師在吾，今日至此，猶為速也。」會甚奇之，下座相拜，待為上賓。維說會曰：「聞將軍自淮南以來，算無遺策；司馬氏之盛，皆將軍之力；維故甘心俯首。如鄧士載，當與決一死戰，安肯降之乎？」會遂折箭為誓，與維結為兄弟，情愛甚密，仍令照舊領兵。維暗喜，遂令蔣顯回成都去了。

却說鄧艾封師纂為益州刺史，牽弘、王頎等各領州郡；又於綿竹築臺以彰戰功，大會蜀中諸官飲宴。艾酒至半酣，乃指衆官曰：「汝等幸遇我，故有今日耳。若遇他將，必皆殄滅矣。」多官起身拜謝。忽蔣顯至，說姜維自降鍾鎮西了。艾因此痛恨鍾會，遂修書令人齎赴洛陽致晉公司馬昭。昭得書視之。書曰：

臣艾切謂兵有先聲而後實者：今因平蜀之勢以乘吳，此席捲之時也。然大舉之後，將士疲勞，不可便用；宜留隴右兵二萬、蜀兵二萬，煮鹽興冶，並造舟船，預備順流之計；然後發使，告以利害，吳可不征而定也。今宜厚待劉禪，以致孫休；若便送禪來京，吳人必疑，則於向化之心不勸。且權留之於蜀，須來年冬月抵京；今即可封禪為扶風王，錫以貲財，供其左右，爵其子為公卿，以顯歸命之寵：則吳人畏威懷德，望風而從矣。

司馬昭覽畢，深疑鄧艾有自專之心，乃先發手書與衛瓘，隨後降封艾詔曰：

征西將軍鄧艾：耀威奮武，深入敵境，使僭號之主，係頸歸降；兵不踰時，戰不終日，雲徹席捲，蕩定巴、蜀；雖白起破強楚，韓信克勁趙，不足比勳也。其以艾為太尉，增邑二萬戶，封二子為亭侯，各食邑千戶。

鄧艾受詔畢，監軍衛瓘取出司馬昭手書與艾。書中說鄧艾所言之事，須候奏報，不可輒行。艾曰：「『將在外，君命有所不受。』吾既奉詔專征，如何阻當。」遂又作書，令來使齎赴洛陽。時朝中皆言鄧艾必有反意，司馬昭愈加疑忌。忽使命回，呈上鄧艾之書。昭拆封視之，書曰：

艾銜命西征，元惡既服，當權宜行事，以安初附。若待國命，則往復道途，延引日月。《春秋》之義：『大夫出疆，有可以安社稷、利國家，專之可也。』今吳未賓，勢與蜀連，不可拘常以失事機。兵法進不求名，退不避罪。艾雖無古人之節，終不自嫌以損於國也。先此申狀，見可施行。

司馬昭看畢大驚，慌與賈充計議曰：「鄧艾恃功而驕，任意行事，反形露矣——如之奈何？」賈充曰：「主公何不封鍾會以制之？」昭從其議，遣使齎詔封會為司徒，就令衛瓘監督兩路軍馬，以手書付瓘，使與會伺察鄧艾，以防其變。會接讀詔書，詔曰：

鎮西將軍鍾會：所向無敵，前無強梁，節制衆城，網羅迸逸；蜀之豪帥，面縛歸命；謀無遺策，舉無廢功。其以會為司徒，進封縣侯，增邑萬戶，封子二人亭侯，邑各千戶。

鍾會既受封，卽請姜維計議曰：「鄧艾功在吾之上，又封太尉之職；今司馬公疑艾有反志，故令衛瓘為監軍，詔吾制之。伯約有何高見？」維曰：「愚聞鄧艾出身微賤，幼為農家養犢，今僥倖自陰平斜徑，攀木懸崖，成此大功；非出良謀，實賴國家洪福耳－－若非將軍與維相拒於劍閣，艾安能成此功耶？今欲封蜀主為扶風王，乃大結蜀人之心，其反情不言可見矣：晉公疑之是也。」會深喜其言。維又曰：「請退左右，維有一事密告。」會令左右盡退。維袖中取出一圖與會，曰：「昔日武侯出草廬時，以此圖獻先帝，且曰：『益州之地，沃野千里，民殷國富，可為霸業。』先帝因此遂創成都。今鄧艾至此，安得不狂？」會大喜，指問山川形勢。維一一言之。會又問曰：「當以何策除艾？」維曰：「乘晉公疑忌之際，當急上表，言艾反狀；晉公必令將軍討之———舉而可擒矣。」會依言，即遣人齎表進赴洛陽，言鄧艾專權恣肆②，結好蜀人，早晚必反矣。於是朝中文武皆驚。會又令人於中途截了鄧艾表文，按艾筆法，改寫傲慢之辭，以實己之語。

司馬昭見了鄧艾表章，大怒，即遣人到鍾會軍前，令會收艾；又遣賈充引三萬兵入斜谷，昭乃同魏主曹奐御駕親征。西曹掾邵悌諫曰：「鍾會之兵，多鄧艾六倍。當令會收艾足矣；何必明公自行耶？」昭笑曰：「汝忘了舊日之言耶？——汝曾道會後必反。吾今此行，非為艾，實為會耳。」悌笑曰：「某恐明公忘之，故以相問。今既有此意，切宜祕之，不可泄漏。」昭然其言，遂提大兵起程。時賈充亦疑鍾會有變，密告司馬昭。昭曰：「如遣汝，吾亦疑汝耶？且到長安，自有明白。」早有細作報知鍾會，說昭已至長安，會慌請姜維商議收艾之策。正是：纔看西蜀收降將，又見長安動大兵。未知姜維以何策破艾，且看下文分解。

——————

① 面縛輿櫬——古時戰敗投降的儀式。面縛，雙手綑在身背後，面朝着勝利者；輿櫬，車上載着棺材。表示放棄抵抗，俯首受刑。

② 恣肆——放縱。

第一百十九回　假投降巧計成虛話　再受禪依樣畫葫蘆

卻說鍾會請姜維計議收鄧艾之策。維曰：「可先令監軍衛瓘收艾。艾欲殺瓘，則反情實矣。將軍却起兵討之，可也。」會大喜，遂令衛瓘引數十人入成都，收鄧艾父子。瓘部卒止之曰：「此是鍾司徒令鄧征西殺將軍，以正反情也。切不可行。」瓘曰：「吾自有計。」遂先發檄文二三十道。其檄曰：「奉詔收艾，其餘各無所問。若早來歸，爵賞如先；敢有不出者，滅三族。」隨備檻車兩乘，星夜望成都而來。

比及雞鳴，艾部將見檄文者，皆來投拜於衛瓘馬前。時鄧艾在府中未起。瓘引數十人突入大呼曰：「奉詔收鄧艾父子！」艾大驚，滾下牀來。瓘叱武士縛於車上。其子鄧忠出問，亦被捉下，縛於車上。府中將吏大驚，欲待動手搶奪，早望見塵頭大起，哨馬報說鍾司徒大兵到了。衆各四散奔走。鍾會與姜維下馬入府，見鄧艾父子已被縛。會以鞭撻鄧艾之首而罵曰：「養犢小兒，何敢如此！」姜維亦罵曰：「匹夫行險徼幸，亦有今日耶？」艾亦大罵。

會將艾父子送赴洛陽。會入成都，盡得鄧艾軍馬，威聲大震。乃謂姜維曰：「吾今日方趁平生之願矣。」維曰：「昔韓信不聽蒯通之說，而有未央宮之禍①；大夫種不從范蠡於五湖，卒伏劍而死②：斯二子者，其功名豈不赫然哉？徒以利害未明，而見幾③之不早也。今公大勳已就，威震其主，何不泛舟絕迹，登峨嵋之嶺，而從赤松子遊④乎？」會笑曰：「君言差矣：吾年未四旬，方思進取，豈能便效此退閒之事？」維曰：「若不退閒，當早圖良策。此則明公智力所能，無煩老夫之言矣。」會撫掌大笑曰：「伯約知吾心也。」二人自此每日商議大事。維密與後主書曰：「望陛下忍數日之辱，維將使社稷危而復安，日月幽而復明——必不使漢室終滅也。」

却說鍾會正與姜維謀反，忽報司馬昭有書到。會接書。書中言：「吾恐司徒收艾不下，自屯兵於長安；相見在近，以此先報。」會大驚曰：「吾兵多艾數倍，若但要我擒艾，晉公知吾獨能辦之。今日自引兵來，是疑我也！」遂與姜維計議。維曰：「君疑臣則臣必死，豈不見鄧艾乎？」會曰：「吾意決矣：事成則得天下，不成則退西蜀，亦不失作劉備也。」維曰：「近聞郭太后新亡，可詐稱太后有遺詔，教討司馬昭，以正弒君之罪。據明公之才，中原可席捲而定。」會曰：「伯約當作先鋒。成事之後，同享富貴。」維曰：「願効犬馬微勞——但恐諸將不服耳。」會曰：「來日元宵佳節，於故宮大張燈火，請諸將飲宴。如不從者盡殺之。」維暗喜。次日，會、維二人，請諸將飲宴。數巡後，會執盃大哭。諸將驚問其故。會曰：「郭太后臨崩有遺詔在此，為司馬昭南闕弒君，大逆無道，早晚將篡魏，命吾討之。汝等各自僉名，共成此事。」衆皆大驚，面面相覷。會拔劍出鞘曰：「違令者斬！」衆皆恐懼，只得相從，畫字已畢，會乃困諸將於宮中，嚴兵禁守。維曰：「我見諸將不服，請坑之。」會曰：「吾已令宮中掘一坑，置大棒數千；如不從者，打死坑之。」

時有心腹將丘建在側——建乃護軍胡烈部下舊人也；時胡烈亦被監在宮，建乃密將鍾會所言，報知胡烈。烈大驚，泣告曰：「吾兒胡淵，領兵在外，安知會懷此心耶？汝可念向日之情，透一消息，雖死無恨。」建曰：「恩主勿憂：容某圖之。」遂出告會曰：「主公輭監諸將在內，水食不便，可令一人往來傳遞。」會素聽丘建之言，遂令丘建監臨。會分付曰：「吾以重事託汝，休得洩漏。」建曰：「主公放心：某自有緊嚴之法。」建暗令胡烈親信人入內，烈以密書付其人。其人持書火速至胡淵營內，細言其事，呈上密書。淵大驚，遂遍示諸營知之。衆將大怒，急來淵營商議曰：「我等雖死，豈肯從反臣耶？」淵曰：「正月十八日中，可驟入內，如此行之。」監軍衛瓘，深喜胡淵之謀，即整頓了人馬，令丘建傳與胡烈。烈報知諸將。

却說鍾會請姜維問曰：「吾夜夢大蛇數千條咬吾，主何吉凶？」維曰：「夢龍蛇者，皆吉慶之兆也。」會喜，信其言，乃謂維曰：「器仗已備，放諸將出問之，若何？」維曰：「此輩皆有不服之心，久必為害，不如乘早戮之。」會從之，即命姜維領武士往殺衆魏將。維領命，方欲行動，忽然一陣心疼，昏倒在地；左右扶起，半晌方甦。忽報宮外人聲沸騰。會方令人探時，喊聲大震，四面八方，無限兵到。維曰：「此必是諸將作惡，可先斬之。」忽報兵已入內。會令關上殿門，使軍士上殿屋以瓦擊之，互相殺死數十人。宮外四面火起，外兵砍開殿門殺入。會自掣劍立殺數人，却被亂箭射倒。衆將梟其首。維拔劍上殿，往來衝突，不幸心疼轉加。維仰天大叫曰：「吾計不成，乃天命也！」遂自刎而死：時年五十九歲。宮中死者數百人。衛瓘曰：「衆軍各歸營所，以待王命。」魏兵爭欲報讎，共剖維腹：其膽大如雞卵。衆將又盡取姜維家屬殺之。鄧艾部下之人，見鍾會、姜維已死，遂連夜去追劫鄧艾。早有人報知衛瓘。瓘曰：「是我捉艾；今若留他，我無葬身之地矣。」護軍田續曰：「昔鄧艾取江油之時，欲殺續，得衆官告免。今日當報此恨。」瓘大喜，遂遣田續引五百兵趕至綿竹，正遇鄧艾父子放出檻車，欲還成都。艾只道是本部兵到，不作準備；欲待問時，被田續一刀斬之。鄧忠亦死於亂軍之中。後人有詩歎鄧艾曰：

　　自幼能籌畫，多謀善用兵。凝眸知地理，仰面識天文。馬到山根斷，兵來石徑分。功成身被害，魂繞漢江雲。

又有詩歎鍾會曰：

　　髫年稱早慧，曾作祕書郎。妙計傾司馬，當時號子房。壽春多贊畫，劍閣顯鷹揚。不學陶朱隱，遊魂悲故鄉。

又有詩歎姜維曰：

天水誇英俊，涼州產異才。系從尚父出，術奉武侯來。大膽應無懼，雄心誓不回。成都身死日，漢將有餘哀。

却說姜維、鍾會、鄧艾已死，張翼等亦死於亂軍之中。太子劉璿、漢壽亭侯關彝，皆被魏兵所殺。軍民大亂，互相踐踏，死者不計其數。旬日後，賈充先至，出榜安民，方始寧靖。留衛瓘守成都，乃遷後主赴洛陽。止有尚書令樊建、侍中張紹、光祿大夫譙周、祕書郎郤正等數人跟隨。廖化、董厥皆託病不起——後皆憂死。

時魏景元五年，改為咸熙元年。春三月。吳將丁奉，見蜀已亡，遂收兵還吳。中書丞華覈奏吳主孫休曰：「吳、蜀乃脣齒也，『脣亡則齒寒』：臣料司馬昭伐吳在卽，乞陛下深加防禦。」休從其言，遂命陸遜子陸抗為鎮東大將軍，領荊州牧，守江口；左將軍孫異守南徐諸處隘口；又沿江一帶，屯兵數百營，老將丁奉總督之，以防魏兵。建寧太守霍戈聞成都不守，素服望西大哭三日。諸將皆曰：「既漢主失位，何不速降？」戈泣謂曰：「道路隔絕，未知吾主安危若何。若魏主以禮待之，則舉城而降，未為晚矣；萬一危辱吾主，則主辱臣死，何可降乎？」眾然其言，乃使人到洛陽，探聽後主消息去了。

且說後主至洛陽時，司馬昭已自回朝。昭責後主曰：「公荒淫無道，廢賢失政，理宜誅戮。」後主面如土色，不知所為。文武皆奏曰：「蜀主既失國紀，幸早歸降：宜赦之。」昭乃封禪為安樂公，賜住宅，月給用度，賜絹萬疋，僮婢百人。子劉瑤及羣臣樊建、譙周、郤正等，皆封侯爵。後主謝恩出內。昭因黃皓蠹國⑤害民，令武士押出市曹，凌遲處死。時霍戈探聽得後主受封，遂率部下軍士來降。次日，後主親詣司馬昭府下拜謝。昭設宴款待，先以魏樂舞戲於前，蜀官感傷，獨後主有喜色。昭令蜀人扮蜀樂於前，蜀官盡皆墮淚，後主嬉笑自若。酒至半酣，昭謂賈充曰：「人之無情，乃至於此！雖使諸葛孔明在，亦不能輔之久全，何況姜維乎？」乃問後主曰：「頗思蜀否？」後主曰：「此間樂，不思蜀也。」須臾，後主起身更衣，郤正跟至廂下曰：「陛下如何答應不思蜀也？倘彼再問，可泣而答曰：『先人墳墓，遠在蜀地，乃心西悲，無日不思。』晉公必放陛下歸蜀矣。」後主牢記入席。酒將微醉，昭又問曰：「頗思蜀否？」後主如郤正之言以對，欲哭無淚，遂閉其目。昭曰：「何乃似郤正語耶？」後主開目驚視曰：「誠如尊命。」昭及左右皆笑之。昭因此深喜後主誠實，並不疑慮。後人有詩歎曰：

追歡作樂笑顏開，不念危亡半點哀。快樂異鄉忘故國，方知後主是庸才。

却說朝中大臣因昭收川有功，遂尊之為王，表奏魏主曹奐。時奐名為天子，實不能主張，政皆由司馬氏，不敢不從，遂封晉公司馬昭為晉王，諡父司馬懿為宣王，兄司馬師為景王。昭妻乃王肅之女，生二子：長曰司馬炎，人物魁偉，立髮垂地，兩手過膝，聰明英武，膽量過人；次曰司馬攸，性情溫和，恭儉孝悌，昭甚愛之，因司馬師無子，嗣攸以繼其後。昭常曰：「天下者，乃吾兄之天下也。」於是司馬昭受封晉王，欲立攸為世子。山濤諫曰：「廢長立幼，違禮不祥。」賈充、何曾、裴秀亦諫曰：「長子聰明神武，有超世之才；人望既茂，天表如此：非人臣之相也。」昭猶豫未決，太尉王祥、司空荀顗諫曰：「前代立少，多致亂國：願殿下思之。」昭遂立長子司馬炎為世子。

大臣奏稱：「當年襄武縣，天降一人，身長二丈餘，脚跡長三尺二寸，白髮蒼髯，着黃單衣，裹黃巾，拄藜頭杖，自稱曰：『吾乃民王也。今來報汝：天下換王，立見太平。』如此在市遊行三日，忽然不見－－此乃殿下之瑞也。殿下可戴二十旒冠冕，建天子旌旗，出警入蹕，乘金根車，備六馬，進王妃為王后，立世子為太子。」昭心中暗喜；回到宮中，正欲飲酒，忽中風不語。次日，病危，太尉王祥、司徒何曾、司馬荀顗及諸大臣入宮問安，昭不能言，以手指太子司馬炎而死：時八月辛卯日也。何曾曰：「天下大事，皆在晉王；可立太子為晉王，然後祭葬。」是日司馬炎即晉王位，封何曾為晉丞相，司馬望為司徒，石苞為驃騎將軍，陳騫為車騎將軍，謚父為文王。

安葬已畢，炎召賈充、裴秀入宮問曰：「曹操曾云：『若天命在吾，吾其為周文王乎！』果有此事否？」充曰：「操世受漢祿，恐人議論篡逆之名，故出此言：乃明教曹丕為天子也。」炎曰：「孤父王比曹操何如？」充曰：「操雖功蓋華夏，下民畏其威而不懷其德。子丕繼業，差役甚重，東西驅馳，未有寧歲。後我宣王、景王，累建大功，布恩施德，天下歸心久矣。文王并吞西蜀，功蓋寰宇，又豈操之可比乎？」炎曰：「曹丕尚紹漢統，孤豈不可紹魏統耶？」賈充、裴秀二人再拜而奏曰：「殿下正當法曹丕紹漢故事，復築受禪臺，布告天下，以即大位。」

炎大喜，次日帶劍入內。此時魏主曹奐，連日不曾設朝，心神恍惚，舉止失措。炎直入後宮，奐慌下御榻而迎。炎坐畢，問曰：「魏之天下，誰之力也？」奐曰：「皆晉王父祖之賜耳。」炎笑曰：「吾觀陛下：文不能論道，武不能經邦。何不讓有才德者主之？」奐大驚，口噤不能言。傍有黃門侍郎張節大喝曰：「晉王之言差矣！昔日魏武祖皇帝，東蕩西除，南征北討，非容易得此天下；今天子有德無罪，何故讓與人耶？」炎大怒曰：「此社稷乃大漢之社稷也。曹操挾天子以令諸侯，自立魏王，篡奪漢室。吾祖父三世輔魏，得天下者，非曹氏之能，實司馬氏之力也：四海咸知。吾今日豈不堪紹魏之天下乎？」節又曰：「欲行此事，是篡國之賊也！」炎大怒曰：「吾與漢家報讎，有何不可！」叱武士將張節亂瓜⑥打死於殿下。奐泣淚跪告。炎起身下殿而去。奐謂賈充、裴秀曰：「事已急矣，如之奈何？」充曰：「天數盡矣，陛下不可逆天，當照漢獻帝故事，重修受禪臺，具大禮，禪位與晉王：上合天心，下順民情，陛下可保無虞矣。」

奐從之，遂令賈充築受禪臺。以十二月甲子日，奐親捧傳國璽，立於臺上，大會文武。後人有詩歎曰：

魏吞漢室晉吞曹，天運循環不可逃。張節可憐忠國死，一拳怎障泰山高？

請晉王司馬炎登壇，授與大禮。奐下壇，具公服立於班首。炎端坐於臺上。賈充、裴秀列於左右，執劍，令曹奐再拜伏地聽命。充曰：「自漢建安二十五年，魏受漢禪，已經四十五年矣。今天祿永終，天命在晉，司馬氏功德彌隆，極天際地，可即皇帝正位，以紹魏統。——封汝為陳留王，出就金墉城居止；當時起程，非宣詔不許入京。」奐泣謝而去。太傅司馬孚哭拜於奐前曰：「臣身為魏臣，終不背魏也。」炎見孚如此，封孚為安平王。孚不受而退。是日文武百官，再拜於臺下，山呼萬歲。炎紹魏統，國號大晉，改元為泰始元年，大赦天下。魏遂亡。後人有詩歎曰：

晉國規模如魏王，陳留蹤跡似山陽。重行受禪臺前事，回首當年止自傷。

晉帝司馬炎，追諡司馬懿為宣帝，伯父司馬師為景帝，父司馬昭為文帝，立七廟以光祖宗。那七廟？——漢征西將軍司馬鈞，鈞生豫章太守司馬量，量生潁川太守司馬雋，雋生京兆尹司馬防，防生宣帝司馬懿，懿生景帝司馬師、文帝司馬昭：是為七廟也。大事已定，每日設朝計議伐吳之策。正是：漢家城郭已非舊，吳國江山將復更。未知怎生伐吳，且看下文分解。

——————

① 韓信不聽蒯通之說，而有未央宮之禍——韓信是漢朝開國功臣。當他手握兵權的時候，蒯通曾勸他起兵打劉邦；韓信不聽。後來劉邦設計把他逮住；劉邦的老婆呂后又把他騙到未央宮殺掉了。

② 大夫種不從范蠡於五湖，卒伏劍而死——文種、范蠡，同是春秋時越王勾踐的謀臣，幫助勾踐滅掉吳國。范蠡在成功之後，認為勾踐不能共富貴，就偷偷走了。臨行曾約文種一路走，文種不聽。後來，勾踐果然把文種殺了。

③ 見幾——同見機。對於將要發生事件的預見。

④ 從赤松子遊——張良是劉邦的開國功臣；成功之後，他看到劉邦殺戮功臣，就跟着赤松子「學道」去了。赤松子，傳說是一個神仙。

⑤ 蠹國——像蠹蟲侵蝕東西一樣地損害國家。

⑥ 瓜——一種武器：長柄，上端是金瓜形的骨朵。

第一百二十回　薦杜預老將獻新謀　降孫皓三分歸一統

　　却說吳主孫休，聞司馬炎已篡魏，知其必將伐吳，憂慮成疾，臥牀不起，乃召丞相濮陽興入宮中，令太子孫（上雨下單）出拜。吳主把興臂、手指（上雨下單）而卒。興出，與羣臣商議，欲立太子孫（上雨下單）為君。左典軍萬彧曰：「（上雨下單）幼不能專政，不若取烏程侯孫皓立之。」左將軍張布亦曰：「皓才識明斷，堪為帝王。」丞相濮陽興不能決，入奏朱太后。太后曰：「吾寡婦人耳，安知社稷之事？卿等斟酌立之，可也。」興遂迎皓為君。

　　皓字元宗，大帝孫權太子孫和之子也。當年七月，即皇帝位，改元為元興元年，封太子孫（上雨下單）為豫章王，追諡父和為文皇帝，尊母何氏為太后，加丁奉為左右大司馬。次年改為甘露元年。皓凶暴日甚，酷溺酒色，寵幸中常侍岑昏。濮陽興、張布諫之，皓怒，斬二人，滅其三族。由是廷臣緘口，不敢再諫。又改寶鼎元年，以陸凱、萬彧為左右丞相。時皓居武昌，揚州百姓泝流供給，甚苦之；又奢侈無度，公私匱乏。陸凱上疏諫曰：

今無災而民命盡，無為而國財空，臣竊痛之。昔漢室既衰，三家鼎立；今曹、劉失道，皆為晉有：此目前之明驗也。臣愚但為陛下惜國家耳。武昌土城險瘠，非王者之都。且童謠云：「寧飲建業水，不食武昌魚。寧還建業死，不止武昌居。」此足明民心與天意也。今國無一年之蓄，有露根之漸；官吏為苛擾，莫之或恤。大帝時，後宮女不滿百；景帝以來，乃有千數：此耗財之甚者也。又左右皆非其人，羣黨相挾，害忠隱賢，此皆蠹政病民者也。願陛下省百役，罷苛擾，簡出宮女，清選百官，則天悅民附而國安矣。

疏奏，皓不悅。又大興土木，作昭明宮，令文武各官入山採木；又召術士尚廣，令筮蓍問取天下之事。尚對曰：「陛下筮得吉兆：庚子歲，青蓋當入洛陽。」皓大喜，謂中書丞華覈曰：「先帝納卿之言，分頭命將，沿江一帶，屯數百營，命老將丁奉總之。朕欲兼并漢土，以為蜀主復讎，當取何地為先？」覈諫曰：「今成都不守，社稷傾崩，司馬炎必有吞吳之心。陛下宜修德以安吳民，乃為上計。若強動兵甲，正猶披麻救火，必致自焚也：願陛下察之。」

皓大怒曰：「朕欲乘時恢復舊業，汝出此不利之言！若不看汝舊臣之面，斬首號令！」叱武士推出殿門。華覈出朝歎曰：「可惜錦繡江山，不久屬於他人矣！」遂隱居不出。於是皓令鎮東將軍陸抗部兵屯江口，以圖襄陽。

早有消息，報入洛陽。近臣報知晉主司馬炎。晉主聞陸抗寇襄陽，與衆官商議。賈充出班奏曰：「臣聞吳國孫皓，不修德政，專行無道。陛下可詔都督羊祜率兵拒之，俟其國中有變，乘勢攻取，東吳反掌可得也。」炎大喜，即降詔遣使到襄陽，宣諭羊祜。祜奉詔，整點軍馬，預備迎敵。自是羊祜鎮守襄陽，甚得軍民之心。吳人有降而欲去者，皆聽之。減戍邏之卒，用以墾田八百餘頃。其初到時，軍無百日之糧。及至末年，軍中有十年之積。祜在軍，嘗着輕裘、繫寬帶，不披鎧甲，侍衛帳前者不過十餘人。一日，部將入帳稟祜曰：「哨馬來報：吳兵皆懈怠，可乘其無備而襲之，必獲大勝。」祜笑曰：「汝衆人小覷陸抗耶？此人足智多謀，日前吳主命之攻拔西陵，斬了步闡及其將士數十人，吾救之無及。此人為將，我等只可自守；候其內有變，方可圖取。若不審時勢而輕進，此取敗之道也。」衆將服其論，只自守疆界而已。

一日，羊祜引諸將打獵，正值陸抗亦出獵。羊祜下令：「我軍不許過界。」衆將得令，止於晉地打圍，不犯吳境。陸抗望見，歎曰：「羊將軍有紀律，不可犯也。」日晚各退。祜歸至軍中，察問所得禽獸，被吳人先射傷者皆送還。吳人皆悅，來報陸抗。抗召來人入，問曰：「汝主帥能飲酒否？」來人答曰：「必得佳釀，則飲之。」抗笑曰：「吾有斗酒，藏之久矣。今付與汝持去，拜上都督。此酒陸某親釀自飲者，特奉一勺，以表昨日出獵之情。」來人領諾，攜酒而去。左右問抗曰：「將軍以酒與彼，有何主意？」抗曰：「彼既施德於我，我豈得無以酬之？」衆皆愕然。

却說來人回見羊祜，以抗所問，并奉酒事，一一陳告。祜笑曰：「彼亦知吾能飲乎？」遂命開壺取飲。部將陳元曰：「其中恐有奸詐，都督且宜慢飲。」祜笑曰：「抗非毒人者也，不必疑慮。」竟傾壺飲之。自是使人通問，常相往來。一日，抗遣人候祜。祜問曰：「陸將軍安否？」來人曰：「主帥臥病數日未出。」祜曰：「料彼之病，與我相同。吾已合成熟藥在此，可送與服之。」來人持藥回見抗。衆將曰：「羊祜乃是吾敵也：此藥必非良藥。」抗曰：「豈有酖人羊叔子哉？汝衆人勿疑。」遂服之。次日病愈，衆將皆拜賀。抗曰：「彼專以德，我專以暴，是彼將不戰而服我也。今宜各保疆界而已，無求細利。」

衆將領命。忽報吳主遣使來到，抗接入問之。使曰：「天子傳諭將軍，作急進兵，勿使晉人先入。」抗曰：「汝先回，吾隨有疏章上奏。」使人辭去，抗即草疏遣使齎到建業。近臣呈上，皓拆觀其疏，疏中備言晉未可伐之狀，且勸吳主修德慎罰，以安內為念，不當以黷武為事。吳主覽畢，大怒曰：「朕聞抗在邊境與敵人相通，今果然矣！」遂遣使罷其兵權，降為司馬，却令左將軍孫冀代領其軍。羣臣皆不敢諫。吳主皓自改元建衡，至鳳凰元年，恣意妄為，窮兵屯戍，上下無不嗟怨。丞相萬彧、將軍留平、大司農樓玄三人見皓無道，直言苦諫，皆被所殺。前後十餘年，殺忠臣四十餘人。皓出入常帶鐵騎五萬。羣臣恐怖，莫敢奈何。

卻說羊祜聞陸抗罷兵，孫皓失德，見吳有可乘之機，乃作表遣人之洛陽請伐吳。其略曰：

夫期運雖由天所授，而功業必因人而成。今江、淮之險，不如劍閣；孫皓之暴，過於劉禪；吳人之困，甚於巴、蜀；而大晉兵力，盛於往時：不於此際平一四海；而更阻兵相守，使天下困於征戍，經歷盛衰，不能長久也。

司馬炎觀表，大喜，便令興師——賈充、荀勗、馮紞三人，力言不可，炎因此不行。祜聞上不允其請，歎曰：「天下不如意事，十常八九。今天與不取，豈不大可惜哉！」至咸寧四年，羊祜入朝，奏辭歸鄉養病。炎問曰：「卿有何安邦之策，以教寡人？」祜曰：「孫皓暴虐已甚，於今可不戰而克。若皓不幸而歿，更立賢君，則吳非陛下所能得也。」炎大悟曰：「卿今便提兵往伐，若何？」祜曰：「臣年老多病，不堪當此任。陛下另選智勇之士，可也。」遂辭炎而歸。是年十一月，羊祜病危，司馬炎車駕親臨其家問安。炎至臥榻前，祜下淚曰：「臣萬死不能報陛下也！」炎亦泣曰：「朕深恨不能用卿伐吳之策——今日誰可繼卿之志？」祜含淚而言曰：「臣死矣，不敢不盡愚誠：右將軍杜預可任。若欲伐吳，須當用之。」炎曰：「舉善薦賢，乃美事也；卿何薦人於朝，即自焚其奏稿，不令人知耶！」祜曰：「拜官公朝，謝恩私門，臣所不取也。」言訖而亡。炎大哭回宮，勅贈太傅鉅平侯。南州百姓聞羊祜死，罷市而哭。江南守邊將士，亦皆哭泣，襄陽人思祜存日，常遊於峴山，遂建廟立碑，四時祭之。往來人見其碑文者，無不流涕，故名為「墮淚碑」。後人有詩歎曰：

曉日登臨感晉臣，古碑零落峴山春。松間殘露頻頻滴，疑是當年墮淚人。

晉主以羊祜之言，拜杜預為鎮南大將軍都督荊州事。杜預為人，老成練達，好學不倦，最喜讀左丘明《春秋傳》，坐臥常自攜，每出入必使人持《左傳》於馬前，時人謂之「左傳癖」。及奉晉主之命，在襄陽撫民養兵，準備伐吳。

此時吳國丁奉、陸抗皆死，吳主皓每宴羣臣，皆令沈醉；又置黃門郎十人為糾彈官。宴罷之後，各奏過失，有犯者或剝其面，或鑿其眼。由是國人大懼。晉益州刺史王濬上疏請伐吳。其疏曰：

孫皓荒淫凶逆，宜速征伐：若一旦皓死，更立賢主，則強敵也；臣造船七年，日有朽敗；臣年七十，死亡無日：三者一乖，則難圖矣。願陛下無失事機。

晉主覽疏，遂與羣臣議曰：「王公之論，與羊都督暗合。朕意決矣。」侍中王渾奏曰：「臣聞孫皓欲北上，軍伍已皆整備，聲勢正盛，難與爭鋒。更遲一年以待其疲，方可成功。」晉主依其奏，乃降詔止兵莫動，退入後宮，與祕書丞張華圍棋消遣。近臣奏邊庭有表到。晉主開視之，乃杜預表也。表略云：

往者，羊祜不博謀於朝臣，而密與陛下計，故令朝臣多異同之議。凡事當以利害相校。度此舉之利，十有八九，而其害止於無功耳。自秋以來，討賊之形頗露；今若中止，孫皓恐怖，徙都武昌，完修江南諸城，遷其民居，城不可攻，野無所掠：則明年之計亦無及矣。

晉主覽表纔罷，張華突然而起，推却棋枰，斂手奏曰：「陛下聖武，國富民強；吳主淫虐，民憂國敝。今若討之，可不勞而定。願勿以為疑。」晉主曰：「卿言洞見利害，朕復何疑？」即出升殿，命鎮南大將軍杜預為大都督，引兵十萬出江陵；鎮東大將軍瑯琊王司馬伷出涂中；安東大將軍王渾出橫江；建威將軍王戎出武昌；平南將軍胡奮出夏口：各引兵五萬，皆聽預調用。又遣龍驤將軍王濬、廣武將軍唐彬，浮江東下。水陸兵二十餘萬，戰船數萬艘。又令冠軍將軍楊濟出屯襄陽，節制諸路人馬。

早有消息報入東吳。吳主皓大驚，急召丞相張悌、司徒何植、司空滕修，計議退兵之策。悌奏曰：「可令車騎將軍伍延為都督，進兵江陵，迎敵杜預；驃騎將軍孫歆進兵拒夏口等處軍馬。臣敢為軍師，領左將軍沈瑩、右將軍諸葛靚，引兵十萬，出屯牛渚，接應諸路軍馬。」皓從之，遂令張悌引兵去了。皓退入後宮，面有憂色。幸臣中常侍岑昏問其故。皓曰：「晉兵大至：諸路已有兵迎之；爭奈王濬率兵數萬，戰船齊備，順流而下，其鋒甚銳：朕因此憂也。」昏曰：「臣有一計，令王濬之舟，皆為齏粉矣。」皓大喜，遂問其計。岑昏奏曰：「江南多鐵，可打連環索百餘條，長數百丈，每環重二三十斤，於沿江緊要去處橫截之。再造鐵錐數萬，長丈餘，置於水中。若晉船乘風而來，逢錐則破，豈能渡江也？」皓大喜，傳令撥匠工於江邊連夜造成鐵索、鐵錐，設立停當。

却說晉都督杜預，兵出江陵，令牙將周旨引水手八百人，乘小舟暗渡長江，夜襲樂鄉，多立旌旗於山林之處，日則放礮擂鼓，夜則各處舉火。旨領命，引衆渡江，伏於巴山。次日，杜預領大軍水陸並進。前哨報道：「吳主遣伍延出陸路，陸景出水路，孫歆為先鋒：三路來迎。」杜預引兵前進。孫歆船早到。兩兵初交，杜預便退。歆引兵上岸，迤邐追時，不到二十里，一聲礮響，四面晉兵大至，吳兵急回。杜預乘勢掩殺，吳兵死者不計其數。孫歆奔到城邊，周旨八百軍混雜於中，就城上舉火。歆大驚曰：「北來諸軍乃飛渡江也！」急欲退時，被周旨大喝一聲，斬於馬下。陸景在船上，望見江南岸上一片火起，巴山上風飄出一面大旗，上書：「晉鎮南大將軍杜預」。陸景大驚，欲上岸逃命，被晉將張尚馬到斬之。伍延見各軍皆敗，乃棄城走，被伏兵捉住，縛見杜預。預曰：「留之無用！」叱令武士斬之——遂得江陵。於是沅、湘一帶，直抵廣州諸郡，守令皆望風齎印而降。預令人持節安撫，秋毫無犯，遂進兵攻武昌。武昌亦降。杜預軍威大振，遂大會諸將，共議取建業之策。胡奮曰：「百年之寇，未可盡服。方今春水泛漲，難以久住。可俟來春，更為大舉。」預曰：「昔樂毅濟西一戰而併強齊；今兵威大震，如破竹之勢，數節之後，皆迎刃而解，無復有着手處也。」遂馳檄約會諸將，一齊進兵，攻取建業。

時龍驤將軍王濬率水兵順流而下。前哨報說：「吳人造鐵索，沿江橫截；又以鐵錐置於水中為準備。」濬大笑，遂造大筏數十萬，上縛草為人，披甲執仗，立於週圍，順水放下。吳兵見之，以為活人，望風先走。暗錐着筏，盡提而去。又於筏上作火炬，長十餘丈，大十餘圍，以麻油灌之，但遇鐵索，燃炬燒之，須臾皆斷。兩路從大江而來，所到之處，無不克勝。

却說東吳丞相張悌，令左將軍沈瑩、右將軍諸葛靚，來迎晉兵。瑩謂靚曰：「上流諸軍不作隄防，吾料晉軍必至此，宜盡力以敵之。若幸得勝，江南自安。今渡江與戰，不幸而敗，則大事去矣。」靚曰：「公言是也。」言未畢，人報晉兵順流而下，勢不可當。二人大驚，慌來見張悌商議。靚謂悌曰：「東吳危矣，何不遁去？」悌垂泣曰：「吳之將亡，賢愚共知；今若君臣皆降，無一人死於國難，不亦辱乎？」諸葛靚亦垂泣而去。張悌與沈瑩揮兵抵敵，晉兵一齊圍之。周旨首先殺入吳營。張悌獨奮力搏戰，死於亂軍之中。沈瑩被周旨所殺。吳兵四散敗走。後人有詩讚張悌曰：

杜預巴山建大旗，江東張悌死忠時。已（扌棄）王氣南中盡，不忍偷生負所知。

却說晉兵克了牛渚，深入吳境。王濬遣人馳報捷音。晉主炎聞知大喜，賈充奏曰：「吾兵久勞於外，不服水土，必生疾病。宜召軍還，再作後圖。」張華曰：「今大兵已入其巢，吳人膽落，不出一月，孫皓必擒矣。若輕召還，前功盡廢，誠可惜也。」晉主未及應，賈充叱華曰：「汝不省天時地利，欲妄邀功勳，困弊士卒，雖斬汝不足以謝天下！」炎曰：「此是朕意，華但與朕同耳，何必爭辯？」

忽報杜預馳表到。晉主視表，亦言宜急進兵之意。晉主遂不復疑，竟下征進之命。王濬等奉了晉主之命，水陸並進，風雷鼓動，吳人望旗而降。吳主皓聞之，大驚失色。諸臣告曰：「北兵日近，江南軍民不戰而降，將如之何？」皓曰：「何故不戰？」衆對曰：「今日之禍，皆岑昏之罪，請陛下誅之。臣等出城決一死戰。」皓曰：「量一中貴，何能誤國？」衆大叫曰：「陛下豈不見蜀之黃皓乎？」遂不待吳主之命，一齊擁入宮中，碎割岑昏，生啖其肉。陶濬奏曰：「臣領戰船皆小，願得二萬兵乘大船以戰，自足破之。」皓從其言，遂撥御林諸軍與陶濬上流迎敵。前將軍張象，率水兵下江迎敵。二人部兵正行，不想西北風大起，吳兵旗幟，皆不能立，盡倒豎於舟中；兵各不肯下船，四散奔走，只有張象數十軍待敵。

卻說晉將王濬，揚帆而行，過三山，舟師曰：「風波甚急，船不能行；且待風勢少息行之。」濬大怒，拔劍叱之曰：「吾目下欲取石頭城，何言住耶！」遂擂鼓大進。吳將張象引從軍請降。濬曰：「若是眞降，便為前部立功。」象回本船，直至石頭城下，叫開城門，接入晉兵。孫皓聞晉兵已入城，欲自刎。中書令胡沖、光祿勳薛瑩奏曰：「陛下何不效安樂公劉禪乎？」皓從之，亦輿櫬自縛，率諸文武，詣王濬軍前歸降。濬釋其縛，焚其櫬，以王禮待之。唐人有詩歎曰：

西晉樓船下益州，金陵王氣黯然收。千尋鐵鎖沉江底，一片降旗出石頭。人世幾回傷往事，山形依舊枕寒流。今逢四海為家日，故壘蕭蕭蘆荻秋。

於是東吳四州八十三郡，三百一十三縣，戶口五十二萬三千，軍吏三萬二千，兵二十三萬，男女老幼二百三十萬，米穀二百八十萬斛，舟船五千餘艘，後宮五千餘人，皆歸大晉。大事已定，出榜安民，盡封府庫倉廩。次日，陶濬兵不戰自潰。瑯琊王司馬伷并王戎大兵皆至；見王濬成了大功，心中忻喜。次日，杜預亦至，大犒三軍，開倉賑濟吳民。於是吳民安堵。惟有建平太守吾彥，拒城不下－－聞吳亡乃降。王濬上表報捷。朝廷聞吳已平，君臣皆賀上壽。晉主執盃流涕曰：「此羊太傅之功也，惜其不親見之耳！」驃騎將軍孫秀退朝，向南面哭曰：「昔討逆壯年，以一校尉創立基業；今孫皓舉江南而棄之！『悠悠蒼天，此何人哉！』」

却說王濬班師，遷吳主皓赴洛陽面君。皓登殿稽首以見晉帝。帝賜坐曰：「朕設此座以待卿久矣。」皓對曰：「臣於南方，亦設此座以待陛下。」帝大笑。賈充問皓曰：「聞君在南方，每鑿人眼目，剝人面皮，此何等刑耶？」皓曰：「人臣弒君及奸回不忠者，則加此刑耳。」充默然甚愧。帝封皓為歸命侯，子孫封中郎，隨降宰輔皆封列侯。丞相張悌陣亡，封其子孫。封王濬為輔國大將軍。其餘各加封賞。

自此三國歸於晉帝司馬炎，為一統之基矣。此所謂「天下大勢，合久必分，分久必合」者也。後來後漢皇帝劉禪亡於晉泰始七年，魏主曹奐亡於太安元年，吳主孫皓亡於太康四年，皆善終。後人有古風一篇，以敘其事曰：

高祖提劍入咸陽，炎炎紅日升扶桑。光武龍興成大統，金烏飛上天中央。哀哉獻帝紹海宇，紅輪西墜咸池傍！何進無謀中貴亂，涼州董卓居朝堂；王允定計誅逆黨，李傕郭汜興刀鎗。四方盜賊如蟻聚，六合奸雄皆鷹揚：孫堅孫策起江左，袁紹袁術興河梁；劉焉父子據巴蜀，劉表軍旅屯荊襄；張燕張魯霸南鄭，馬騰韓遂守西涼；陶謙張繡公孫瓚，各逞雄才占一方。曹操專權居相府，牢籠英俊用文武；威震天子令諸侯，總領貔貅鎮中土。樓桑玄德本皇孫，義結關張願扶主：東西奔走恨無家，將寡兵微作羈旅；南陽三顧情可深，臥龍一見分寰宇；先取荊州後取川，霸業王圖在天府；嗚呼三載逝升遐，白帝託孤堪痛楚！孔明六出祁山前，願以隻手將天補；何期曆數到此終，長星半夜落山塢！姜維獨憑氣力高，九伐中原空劬勞；鍾會鄧艾分兵進，漢室江山盡屬曹：丕叡芳髦纔及奐，司馬又將天下交；受禪臺前雲霧起，石頭城下無波濤；陳留歸命與安樂，王侯公爵從根苗：紛紛世事無窮盡，天數茫茫不可逃。鼎足三分已成夢，後人憑弔空牢騷。

（完）

書名：三國演義 第五卷

I S B N ：978-1548906405

作者：李善基

封面設計：C.S. Creative Design

出版日期：2017 / 04 / 01

建議售價：US$ 17.99 / CDN$ 19.71

出版：C.S. Publish

www.ingramcontent.com/pod-product-compliance
Lightning Source LLC
Chambersburg PA
CBHW030419290526
45786CB00001B/57
* 9 7 8 1 5 4 8 9 0 6 4 0 5 *